如何照料你所愛的親人

照顧失智、重病、失能者的全方位實用指南

Being a Good Carer

亞曼達・衛爾寧
AMANDA WARING

田若雯——譯

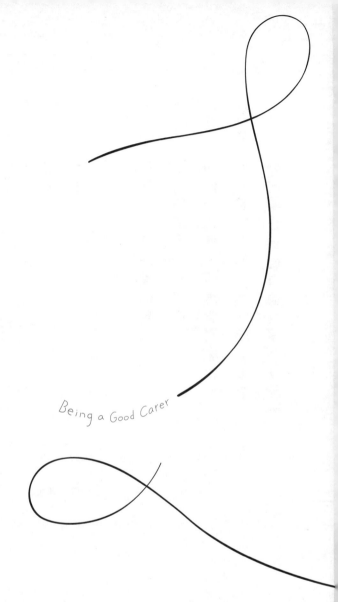

目錄

前言

在照護服務領域裡，亞曼達・衛爾寧（Amanda Waring）可說是貢獻良多。一直以來，她致力於提升我們對尊嚴、關愛與慈悲需求的認知。她分享自身的經驗，並擅長傳播溝通。距離她出版《照護的核心——行動裡的尊嚴：以人為本，充滿關愛的老年照護指導手冊》（*The Heart of Care - Dignity in Action: a guide to person-centred compassionate elder care*）已經過了許多年。現在，她累積了更加廣泛的知識與學習，無疑的，她是最適合、最有資格透過她的新書《如何照料你所愛的親人》（*Being A Good Carer*）來跟我們分享，關於照護者這個角色，我們應該有什麼樣的理解。

在社會照護的系統裡，照護者是我們重要的合作夥伴。然而，很悲哀的，這個事實很少被社會關注。因此，他們的貢獻也經常得不到應有的肯定。在最近一份二〇一四年由北愛爾蘭人權委員會（Northern Ireland Human Rights Commission）所提出「北愛爾蘭照護者人權報告」裡提及：

照護可以讓人感覺充實滿足，有成就感，但同時它也是份相當苛刻的工作。很重要的是，照護者的地位應獲得肯定，提供給照護者的支援應該充裕且便利。經常，尋求協助本身這件事，就是一個進一步要克服的困難。照護者不是一群同質性高的群體，他們可能分布各個年齡層，從小孩到年長者都有，擔負起照顧家人的工作。每個照護者都是獨立的個體，有著他或她的故事，也有各不相同的需求。

當然，在分享照護家人經驗的同時，我們還是要提醒，每一種照顧的情況都不一樣，每個人和他所處的環境都有差異。所以每個照護的發生，都是一段自己要走的旅程。從我看來，《如何照料你所愛的親人》部分就是亞曼達．衛爾寧個人的旅程。書中的文字之所以鏗鏘有力，就是因為它們是來自作者豐富的個人經驗——她真的言之有物！她懂得如何運用她的知識，提供給我們直接且實際的建議，以進行個人的照護與支援。

亞曼達的故事，大家應該很熟悉：因為目睹自己的母親、同時也是演員桃樂蒂．杜汀夫人（Dame Dorothy Tutin）經歷了欠缺尊嚴與關愛的照護，使她無奈，卻也堅決的，開始為這個議題奔走。身為一個推動人士，她把負面的經驗，轉化為一股正面的力量。她試圖透過影片、講學和寫作，來改善老年人的照護品質。她運用自己的資源與人脈，謀求改變；她散發熱情，充滿個人魅力。她的第一部影片：《你看見了什麼？》（*What Do You See?*）以維吉尼亞．麥肯納（Virginia McKenna）教授為主要敘述者，引用菲利斯．麥考馬克（Phyllis McCormack）的詩「再看近一點」，在短短十分鐘內，就充分傳達了，在每一個照顧的互動裡，看見人的本質，有多麼的重要。我們應該要看見的是，在表面現象背後的人，她的脆弱，她的困惑。我很榮幸，將這部影片介紹給國家照護論壇（National Care Forum）的會員，他們都是一些創新的非營利的照護機構。我也鼓勵註冊登記居家管理人員（Registered Home Managers），以這部影片做為訓練員工的素材。最好的實務範例，往往都來自以人為核心的照護；事實上，所有好的社會服務，都是以人為本。

照護者對我們整個社會的付出，可說是功不可沒。他們讓我們的家人親友，得到照顧和支持；而且，其中許多的照護者，投入了一生在這個領域。我們知道，在英國至少有六百多萬個照護者為我們服務。少了他們，整個社會照護系統可能馬上就崩壞。然而，照護者卻經常感到被忽視和不被尊重。很多照護者得不到即時的資訊，他們也找不到正確的管道。因此《如何照料你所愛的親人》，正滿足了我們迫切的資訊需求。值得注意的是，多數的照護都是在自家進行，很多人可能也不把自己定義為「照護者」。大多的時候，照護是很個人的事情；而且「照護」這個詞，也不見得能完整的形容他們每天忙進忙出的狀態。我相信，他們對被照護者整體的身心狀態、生活品質，都有關鍵性的影響，他們應該要被感謝、認可。

亞曼達的書寫方式，讓你似乎感覺她直接對著你說話。我深信《如何照料你所愛的親人》對於如何以實用的方法，提供情感的和精神上的支持，會有莫大的幫助。關於失去與悲傷的討論，她以深厚的知識，讓我們有清楚的理解。

這本書以平鋪直敘的方式，涵蓋了個人照護與日常生活、照護計畫、失智與安寧療護等主題。有幾個章節，專門談到情感與精神上的需求，以及照顧自己身心靈的問題，對讀者來說是一大加分。我特別開心的是看到亞曼達在書裡增加了對創造力與創意活動的篇幅；基於她本身在創新藝術裡的背景，她尤其適合來突顯藝術的重要性，無論是以何種形式，對個人的幸福感與生活素質，都有正面的作用。

而且，無論是對被照護者，或是提供照護的家人夥伴，藝術都同等重要。

雖然，這本書很可能的主要讀者，會是非正式的、或家庭裡的照護者；然而，書中的內容，對於付費的、專業的照護人士來說，也相當具有參考性。事實上，這本書從一個照護者的角度出發，就已經增加了它的價值。對我而言，它是一個持續學習的資源。

傳遞「關愛尊嚴照護」概念，是一段尋求生命品質的旅程；這趟旅行，沒有終點，因為我們一直不斷的發展、訂定與維持標準。對個人生命品質與整體幸福感而言，照護與支持的重要性，我們也在持續理解中。所幸，隨著時間的演進，我們越做越好。在浩瀚的社會服務圖書裡，這本實用的書，是不可多得的生力軍；我希望它能被普遍的閱讀，它裡面的教導，能帶給需要照護和支持的人，積極正面的影響。

德斯．凱利，大英帝國官佐勳章（Des Kelly OBE）

二〇一七年六月

導引

大家好！

我的名字是亞曼達．衛爾寧，這本書是為你、所有的照護者而寫。不論你是個專業的照護者，還是一個負責照護長者的親友，我希望《如何照料你所愛的親人》都能是一本珍貴的、啟發你的手冊。我祈願，當你竭盡所能地在照顧別人的同時，你也能靠這本書善待自己。《如何照料你所愛的親人》很容易讀；它包含很多實用的提醒和訣竅，檢查單、練習、遇到兩難時的解決辦法、民間方法、專家建議，和各種獨特的做法，來讓老人家感受到關愛與尊嚴的照護，陪伴他們到臨終，甚至是死後。《如何照料你所愛的親人》強調情感與精神上的需求，也試著讓你與被你照護的人，產生心中的連結。

如果你是一位專業的照護者，我盼望在這些書頁裡，你找到素材，可以教育、激發彼此，讓你和被你照護的人安心，引導你們培養更深層的關係。請你務必要讀**如何照顧自己，預防職業倦怠**的章節，因為你跟被你照顧的人同等重要。如果你是一個負責照顧長者的親友，請你一定要讀**如何以親友的身分照顧所愛的人**這個章節，我的心願是能陪著你走過這段照護旅程。

這條路上會有焦慮和恐懼，但我會給你安慰和支持，我想讓你知道，你並不孤單。這本書的每一個章節，都會有仔細且深入的解釋，指引你如何照料你所愛的人。所以，請放鬆心情，開始享受探索這整本書。

如何使用這本書

我將所有的素材，整理成八個章節，所以你可依據你的特別需求，挑選適合的閱讀。在每個篇幅裡，我都會分享知識、想法，及最佳範例，讓你能持續學習與理解，以支持你照護你所愛的人。書的附錄裡提供了詳盡的資源，給專業的居家照護者。

你或許會發現，書中會有一些互相參考與重複的部分，這是為了讓讀者能各自擷取跟他們最相關的部分，而又不會失去大方向原則的做法；再者，我認為有必要指出，相同的重點，其實可以適用在不同的情況裡。

如何照料你所愛的親人

提供指導與訣竅，以協助你照護罹患失智症的親人，無論是在患者的家或你自己的家。如何面對臨終階段，採取積極的步驟，找到照顧自己的人。留意關係的變化，與寂寞共處，以及何時該另尋幫助。你需要理解死亡的階段進展，並試著幫助臨終者在走向死亡的過程裡，仍好好的「活著」。處理一些遺憾、遺願，如何給予安慰和緩和情緒。舉行儀式和聚會，以度過悲傷和失落。轉悲傷為動力，相關的機構組織，以及如何往前邁進。

如何照顧罹患痴呆症患者

提供指導與訣竅，以展開積極的溝通與互動。理解他們的世界，常見問題與困擾行為的解決之道，如何處理感官上的挑戰，常發生在夜晚的困難……請注意，除了本章以外，其實在**每一個章節**，我都會提醒與叮嚀如何照護罹患失智症的病患。

如何進行個人護理與日常生活

提供指導與訣竅，以從事私密的護理。如何使用便盆，幫助失智症的人洗澡、穿衣、刷牙、扶他們站立、吃飯，以及處理胃口的問題。

如何照顧自己、預防職業倦怠

提供指導與訣竅，以預防職業倦怠。覺察自己關愛疲乏的徵兆，重新引發關愛之情，每日自我狀況檢查單，找回情緒與身體平衡的積極作法，如何保持動力並鼓舞自己。

如何持續創造力並從事創意活動

提供指導與訣竅，以提升整體的幸福感。創意的藝術，音樂即良藥，與失智症患者分享有意義的活動，跳脫傳統思考的方法，保持活動力，學習新事物……

如何滿足情緒和精神上的需求

提供指導與訣竅，在面對人生變化之際，如何釐清並認可情緒上的需求。提供精神與信仰的支持，做更好的安排，讓人們感覺被需要，心懷感恩，由衷地聆聽……

如何實踐關愛的臨終照護

提供指導與訣竅，如何陪伴臨終的人，緩解他們的懼怕。疼痛管理，可以激勵、安慰與啟發他們的言語，如何放手，設計一個安寧的環境，失智症患者的臨終照護，練習原諒，身體上的照料，瀕死的過程，死後的事宜，追思與哀悼，不同文化的尊重……

如何落實有尊嚴的照護

提供指導與訣竅，以支持他人的尊嚴。強調體貼的舉止行為，了解何為違反尊嚴，以及遇到兩難時該如何決定，保障自我的尊嚴，如何舉報違規行為，維護多元團體（LGBT同性、雙性、跨性別）以及不同文化團體的尊嚴……

附錄一：成為一個居家看護者、附錄二：如何撰寫一份照護計畫

對於實務操作與建立檔案，提供指導與訣竅。何為心智能力法案（Mental Capacity Act）何者該做，何者不該做。

對於我個人在照護這條路上的反思以及為何我要寫這本書

我很高興，在我的上一本書《照護的核心》出版後，市場上成功的引起回響。紀念出版社（Souvenir Press）這次再度邀請我，著手進行《如何照料你所愛的親人》這本書。我開始明白，我在生命裡扮演的許多角色與歷練，帶給我源源不斷的素材與啟發，使我能順利的寫下這本書。因此，我在《照護的核心》書裡首次談到的一些個人經驗，也會在特別適合的情境裡，出現在這本書裡。

身為一個照護者

我照顧我的雙親，直到他們離開這個世界。為了靠近他們，我從倫敦搬到了西薩塞克斯（West Sussex）。我試著供給他們所需的支援，但一路走來，可不是順暢無阻啊！事實上，我跟他們在一起的時光裡，充滿了愛與沮喪，歡樂與失望，悲傷與修復，交織而成。在那段時間裡，我學習到太多太多，關於他們，也關於我自己；我的限制，我的韌性，我的害怕，與我付出愛的能力。希望我個人的經驗，透過這本書，能夠提供你情緒和精神上的支持，以及實際上的幫助。

身為一個老年照護的推動者、電影工作、作者，以及訓練講師

當我見證了我的母親、也是演員桃樂蒂．杜汀夫人，在醫院裡接受欠缺尊嚴的照護之後，我賣掉了我的公寓，拍攝了《你看見了什麼？》這部短片，以訓練照護人員，重視老人照護的尊嚴和關愛；接著政府單位開始邀請我，開啟「尊嚴照護」（Dignity in Care）的運動。自二〇〇五年以來，我已經在世界各地演講並訓練老人照護相關人士。在媒體界，我也不斷地為改善老人照護來發聲。經由這本書，我很高興跟各位分享，上千名接受訓練的人員，他們的真實

話語，以及在前線工作的寶貴知識。在我四處推動的歷程裡，我遇到不少真誠的同事夥伴們，讓我得以在書中借用他們的經驗，傳遞他們的教導。我希望，你也能跟我一樣，感覺被啟發鼓舞，將尊嚴與關愛，放在你照護的心中，而且，經常閱讀，書中有關尊嚴的重要章節。

身為一個靈魂陪伴員（soul midwife）和臨終的照護者

從我八歲以來，我就開始陪伴臨終者。那時候我奶奶總是帶著我，一起去醫院當志工，在那些瀕死的人們床前，為他們唱歌。即便是年紀幼小，我似乎就能領略他們需要的，可能就是一些聲音、音樂，或單純的握著他們的手。

我總覺得，這些事對我來說好像很熟悉，所以一點也不會害怕。到了青少年時期，我繼續固定去安養之家和安寧病房唱歌，好讓老年人在他們生命的末期，感覺到安慰與平靜。

從我二十幾歲開始，我接受了許多訓練，也通過一些靈性儀式的開啟。我跟不同傳統習俗、信仰的人一起工作過，這些經歷，增加了我的知識與理解，讓我更能夠幫助老弱者與臨終者。當我以安寧人員（death doula）或靈魂陪伴員的身分工作時，我感覺這是一種獨一無二的特權，在照顧所愛的人，以及臨終照護的章節裡，我分享我如何用自己的方式，來支撐臨終的人和他們的家屬，我希望你能經常閱讀「如何滿足情感與精神上的需求」這一章，讓你自己做好準備，迎向生命的尾聲。

身為一個喪禮主持人

我一直很想改變社會對於死亡和臨終的態度，我試圖扭轉大家視死亡為痛苦可怕的印象。人，其實是通過死亡這個過程，達到轉化。我在十九歲成為儀式主持人，第一次舉行喪禮時，我就有機會見證這件事。身為主持人，我自己撰寫講稿，掌握喪禮流程（我也主持婚禮和其他人生大事）。在照顧自己所愛之人的篇幅裡，我分享如何為生命禮讚，如何寫下喪禮的願望，哀悼的儀式等等。希望能支撐你，正如你也需要支撐其他的人。

我現在可以看見，即便母親缺乏尊嚴的照護，造成我的心理創傷，但其實整體而言，它帶給我更多正面的影響。我開始運用不同的方式，拍片寫書，當禮儀師，或只是在臨終者身旁的「陪伴」，來改善老年照護。我發現，所有我的生命經驗，就像穿針引線般的，帶領我完成這本《如何照料你所愛的親人》。

我希望《如何照料你所愛的親人》這本書，會是安慰你的泉源，與你連結，成為你的好朋友，支持你走完照護的旅程。

想知道更多關於尊嚴、我的電影、我的運作，請參考網站 www.amandawaring.com 想了解我的大師課程和訓練，請上 www.theheartofcare.co.uk 這個網站。對我成為靈魂陪伴師和安寧人員感到有興趣的人，請搜尋 www.amandawaringcelebrant.com。

最後但也同等重要的

謝謝你。

感謝你為照護的付出，也感謝你未來即將付出的照護。

我想代表那些可能因為失智、重病、失能而無法對你說聲謝謝的人，誠摯地向你道謝。感激你過去為他們所做的一切，也感激你今後為他們的服務。照顧呵護一個人，是份神聖而重要的工作。他們需要你，這個國家也需要你！

感激不盡。

亞曼達・衛爾寧

第一章

如何照料你所愛的親人

現在的痛苦，是過去快樂的代價。

——C．S．路易斯（CS Lewis）

本章特別為在家中擔負照護親人責任的你而寫。我想握住你的手，做你的朋友，給你情感上和實際上的支援。我會提醒你額外要注意的地方和分享我的祕訣，讓你扮演好照護者的角色。無論是你的親人得了老年失智症，或是他們正走向生命的終點。

我照顧我的雙親，直到他們往生。為了靠近他們，我從倫敦搬到了西薩塞克斯（West Sussex）。我試著供給他們所需的支援，但一路走來，可不是順暢無阻啊！我是個單親媽媽，搬離了倫敦，失去了原有的朋友圈和人際網絡，我體會過情緒的狂起狂落、體力的匱乏，以及深不可測的寂寞。種種感覺，會在你照顧年邁父母的時候，如潮水般將你淹沒。我跟他們在一起的時光，充滿了愛與沮喪、歡樂與失望、悲傷與修復，交織而成。在那段時間裡，我學習到太多太多——關於他們，也關於我自己；我的限制、我的韌性、我的害怕，與我付出愛的能力。

當我們父母變老的時候，他們漸漸虛弱，也越來越不能自理。我們可以把照顧他們，視為一個難能可貴的機會。在他們生命的盡頭，我們懷著愛與感恩的心照顧他們，如同他們在我們的生命之初，呵護我們一樣。然而，這種父母與孩子角色的倒轉，其實是困難與混亂的。

> 我很難跟眼前這個孱弱不堪的人產生連結，我那個能幹又會照顧人的媽媽去哪裡了？
> 我知道現在的她一定特別茫然而且害怕，可是我真的很想念我媽。
>
> ——安娜，照護者

照顧年邁的親人和所愛的人，可以讓人心裡感覺滿足踏實，但同時也充滿挑戰。因為通常這是一種突發事件，危急狀況，或是他們的健康忽然疾轉直下。你可能一邊還要兼顧自己的家庭，忙於自己的事業，甚至你跟你年長的親人其實相處是有問題的，關係是緊繃的，那你就更需要處理自己微妙的情緒，以免怨恨與不滿與日俱增。

> 我們之間，除了是照顧者與被照顧者的關係外，還能剩下什麼？
>
> ——迪，照護者

照顧你自己

無論我們如何全心全力的照顧我們所愛的親人，我們還是得眼睜睜地看著他們日漸凋零，失去健康與活力，心中當然萬般不捨。當我們的生活，都圍繞著照顧他們打轉時，我們自己的世界縮小了。這種感覺可能是鋪天蓋地而來，讓你幾乎無法承受。再加上家中複雜的互動模式，和你自己面對失去所愛的懼怕，無論是因為失智症或是自然原因死亡，我們的壓力程度，都是與日俱增。五二%的照護者都曾經因為壓力大而接受治療過。所以，很重要的，你自己需要找到一種好的對應機制和策略，來幫助你自己。

請閱讀**如何照顧自己預防職業倦怠**的內容，也請參考以下的建議：

- 詢問其他家人分擔責任的意願，請他們或朋友找出一段時間來幫你照顧，給你一個周末好好休息，重新出發。
- 外務分配，把一些事項外包給他人或其他機構，減輕你的負擔。
- 考慮使用日照單位，讓自己在白天的時候喘息一下。有人可以幫你打掃家裡或燙衣服嗎？或許你也可以打聽哪裡有老人送餐服務。
- 參加一個互助團體，花點時間跟別人聊聊，他們也都了解你的感受，可以紓解你的寂寞，也能跟你分享正面的經驗。
- 試試靜坐或瑜伽，你可以下載手機上許多的應用程式，當你不能出門的時候，在家做也可以。Headspace就是一款能帶你練習靜坐的手機程式。
- 你自己要保持運動，因為這樣才能增強你的免疫力，也讓腦內的胺多酚增加，整個人心情會好許多。
- 定期給予自己一些只屬於你的時光，去按摩、游泳、散步、去趟教堂，或跟朋友喝個下午茶。

請記得你自己和家庭的價值觀，當我們照顧親人時，我們倚賴的是我們自己的信念。生活難免起起落落，我們如何照護他們到終老，心中的準則是很重要的。

情緒危機

我們會覺得寂寞、被誤解、不被感激，這些都是很正常的。而且，對於發生在我們所愛的人身上種種，我們還會覺得憤怒。有時候，我們還得做出一些棘手的決定。什麼對他們是「最好的」，我們其實無從而知。因此我們會內疚，感覺讓他們失望了，甚至是背叛了他們。這樣一來，很多該做的決定一直被延遲，直到出現危急，迫在眉梢。

> 憤怒、沮喪、害怕、焦慮的情緒，如排山倒海般，將我淹沒。
>
> ——翠西，照護者

> 罪惡感時不時的湧現，我總感覺我應該要在別的地方。每個人都會有想撒手不管的時候，再說，我自己也需要自己的時間。
>
> ——伊莉莎白，照護者

當照顧年邁親人時，罪惡感是很常見的情緒。你如何照顧自己的雙親，又同時兼顧其他的責任，像是工作、孩子呢？要滿足自己兒女、孫兒女、職場、老父老母的需求，你疲於奔命，感覺自己快要撐不下去了，但又憎恨自己的軟弱，感覺羞恥。

這些面對問題時的交錯反應，以及家庭裡的複雜關係，隨時都可能引發情緒暴走。如果你住得離父母很遠，你想盡力照顧他們，又想維持自己的生活品質時，情況可能會更糟。

我很煩惱，我不知道自己能不能配合？這個人，仍是那個我深愛的親人嗎？

——托比，照護者

我感覺他正在漸漸地離我而去，我卻無能為力。

——漢娜，照護者

這些情緒的翻騰，會導致壓力過大、焦慮，和憂鬱，請不要一個人默默的承受。找朋友、互助團體、教父教母聊聊，也很有幫助。

保持摯愛親人的安全

請注意親人是否有受虐的現象。一份英國調查顯示，超過六十六歲、居住在自家的老年人中，有三十四萬二千四百人，被家人、朋友、社工，或鄰居惡意對待過。如果你懷疑你的親人可能遭到虐待，你務必要跟他們好好聊聊。如果他們願意講出來，你需要立即告知社福單位裡的保護小組人員，這些人會負責進行調查。

提出「保護警示」，以防止虐待的發生。若你的親人因為失能而無法決定是否舉報可能受虐的問題給社福單位，你可以為了「維護他們最大利益」替他們發聲。

照顧罹患失智症的親人

失智症是導致老年人在生命晚期失能的主要原因之一，超過許多癌症、心血管疾病，以及中風。很重要的是，你要做足心理準備，對自己好一點，因為看著你熟悉摯愛的人一點一滴的變化，是很痛苦的。有時候變化是突然而來的，他們轉眼間就變成了一個陌生人，讓你措手不及。你可能提早覺得分崩離析，因為你開始明白，你已經「失去」了你曾經熟識的人。這種喪親的感覺，可能因為過去的你，常常尋求父母的建議與安慰；現在，你們的關係改變了，你覺得自己成為了他們的「父母」，而他們變成你脆弱的孩子。

然而，請你記得，告訴他們你愛他，永遠都不嫌晚。你可以想想，怎麼跟他一起紀念過去的時光，並開始計畫未來新的相處模式。

你需要練習輕鬆地踏上這段旅程，有彈性一點，試試不同的路徑，走到你熟悉的地方，丟掉你所有的舊地圖、舊指南，你需要的是耐心、毅力，和愛，來展開這個旅行。

——湯姆和凱倫．布蘭能（Tom and Karen Brenner）
阿茲海默症的閱讀室（Alzheimer's Reading Room）

當你面對所愛的人，逐漸失去記憶和感官時，請給予自己一點空間，來感覺悲傷，關照你自己，尋求幫助。

採取積極的步驟

照顧罹患失智症的親愛家人，很重要的是要保持他們的活力，經常與他們互動。有時候這是知易行難的，因此，你有必要做些安排，讓彼此都更容易適應。

請這麼做

- 跟你親愛的家人談談失智症，保持正面的態度。

- 參加失智症之友（Dementia Friends）講座。
- 鼓勵你親愛的家人，支持一個失智症慈善團體；或是在你的家中，邀請親人和朋友來吃個早餐，喝個咖啡，聊聊失智症。
- 幫忙安排失智症之友講座，到任何他們參加的俱樂部或團體。
- 參加你當地的失智症咖啡聚會（Dementia Café），活化腦部音樂會（Music for the Brain），或者其他類似的團體。
- 聯絡阿茲海默協會，詢問有關它們的「好友服務」。
- 跟朋友說說診斷結果——你可能發現，你才是那個最需要支持安慰的人。
- 試著持續你原有的興趣（觀看或參加運動，跟朋友吃飯聊天、散步健行、編織勾毛線等等）。

請不要這麼做

- ✕ 強迫被你照顧的親人接受診斷的結果，有時候，他們需要的只是時間來消化。
- ✕ 逼他們出去見朋友，尤其是你知道他們已經很累了。

（來自卡洛琳・貝漢的建議，請參考www.BrightCopperKettles.co.uk）

請注意：大型團體活動對於失智症的人來說可能很耗費心力。當然，跟其中的活動類型有關。輕鬆跳舞或唱歌的團體應該是很有趣的，在裡面每個人都有機會試一下，你的親人可能比較容易融入。如果是大型的宴會，每個人都同時在交談，你的親人可能會覺得負荷不了。所以當症狀越來越明顯的時候，最好避免這種場合。如果你發現，你不在身邊，親人就不願意出門的話（即便是跟昔日好友），也許就是因為他們已經開始害怕獨自面對外界了。

失智症協助卡（The Dementia Assistance Card，台灣可申請預防走失——愛的手鍊。網站：http://www.missingoldman.org.tw/ugC_Bracelet.asp）是用來幫助失智症或喪失記憶的患者，他們在公眾的場域裡可能會遇到困難。

這張卡上會有患者的名字和親友的聯絡方式，或是安養照護中心的電話，有緊急狀況發生時可派上用場，辦一張卡會讓你安心一些。

保持簡單

有時候你們可能會跟別人有約或要參加其他的家庭聚會，請把「每天」的活動維持越簡單越好，這樣可以讓他們分神的機率降到最低，以專注在重要的事情上。

請這麼做

- 前一個晚上就先把隔天早餐準備好。
- 減少選項，午／晚餐讓他們吃最喜歡的食物就好。
- 跟他們簡單明瞭的對話，不要太誇張。
- 早一點討論服裝的選擇，如果你的親人仍然很重視外出穿著，請把衣服準備擺好在外面，也最好另外有一套衣服備用。
- 在你準備幫他們更衣之前，如果需要的話，預留一些時間來舒緩疼痛（請記得，對很多人來說，光是起身下床就已經很不舒服了）。

請不要這麼做

- 催促。
- 給予他們過多的選擇（永遠別這麼做！）最多兩三個選項就好。
- 覺得生氣或厭煩，如果你的親人一大早就穿著晚餐宴會才要穿的衣服吃飯。（所以你一定要準備另一套衣服！）

親人用餐進食的問題

罹患失智症後，吃飯時間常常會很混亂。有些患者甚至感覺不到飢餓或口渴，也搞不清楚什麼該配什麼吃，檸檬果醬和黃瓜三明治可能很容易準備，但他們卻不見得喜歡！

請這麼做

- 定時提供食物和飲料。
- 準備小分量的食物（如果他們不餓的話，一大盤食物可能更讓他們反感）。
- 在餐前試看看玩一個跟食物有關的遊戲，來促進他們的飢餓感（吃魚肉派前玩釣魚的遊戲；烤pizza前一起動手放配料）。
- 餐前可以給他們一點巧克力或甜心餅乾。
- 如果他們用藥的說明裡不允許喝酒的話，你可以買些不含酒精的飲料給他們。
- 把吃東西和喝飲料設計成活動，一起烤蛋糕或麵包，共同享用咖啡時光。
- 鼓勵他們參與食物的準備過程，一起洗青菜、調醬汁等等。

請不要這麼做

- ✗ 不給他們吃東西或喝飲料，即便他們剛剛才吃完正餐，你還是可以給他們一些小點心（你可以試著說：「現在還沒到下一餐的時間，在我們等的時候，你要不要先吃一點起士呢？」）
- ✗ 分配太多的事給他們做（舉例：一起準備煮紅蘿蔔時，他們可能只能處理一兩條紅蘿蔔，也不會注意到其實你已經弄好大多數了，當他們看到完成品的時候，還是會有小小的成就感的）。

互相幫助

很多失智症患者會覺得，他們情感上的需求沒有被滿足。當你總是被人照顧時，你很難感覺自己也是個有用的、被需要的人。試著幫他們找出一些不同的方式，來填補這個缺口。

請這麼做

- ♥ 鼓勵他們幫忙餵養家裡的小寵物，在飼料的旁邊放張表格，註明寵物被餵過食物的時間。
- ♥ 準備一個專門設計給失智症病患的時鐘，上面顯示日期和時間，幫助他們自我管理。

- 請他們偶爾幫忙照顧別人的小動物，當飼主有事的時候。
- 請他們幫忙鄰居遛狗。
- 請朋友或其他家人帶寵物來探望他們。

回顧

我們個人的生命歷程對我們很重要，它可以幫助我們的思考專注，也讓別人比較容易跟我們產生連結。所以，我們應該著手創作一些東西，協助他們回憶過去的事物，和跟他們非常親近的人。

請這麼做

- 整理好一本相簿，裡面都是家人和朋友的照片（每頁放一到三張照片）。
- 在網路上尋找資源，可以將整本相簿印製出來，每張照片加上標題，標示出照片裡人物的名字（「我弟弟傑克」）。
- 如果你喜歡在網路上製作相簿，可以考慮另外開闢一個檔案，把他們兒女、孫子女曾經畫過、他們也很喜愛的圖畫放進去，或是一些他們喜歡的地方的風景畫。

- 將你的iPod播放清單寫下來，包括附註說明，你選擇播放這些音樂的原因。
- 製作一份家族樹／族譜圖，這對你所愛的親人會很有幫助，提醒他們記得這些人的名字，也可以當成跟其他照護人員聊天的內容。
- 製作一個記憶盒（Memory Box），將重要的日子整理記錄下來。記憶盒是一個小型的、有主題的收集品，可能是幾張照片，或是一些小物，來紀念對親人來說相當重要的人生時刻。對於婚禮的收藏，可以是一條絲襪帶、一個頭紗、或其他當天穿戴過的用品。一張結婚證書（或影印本）、照片、米，或彩帶。對於孩子的回憶，可以透過相片、畫過的圖畫、寫過的卡片、孩子的出生證明、孩子保留下來的珍愛玩具、出生時醫院的手環、小孩的牙齒、一個髮圈、一片尿布，甚至是一瓶嬌生嬰兒油或痱子粉。

如果親人的工作或事業曾經對他們很重要，那麼記憶盒裡可以放一張薪資單或其他對他們工作上很有意義的東西。舉例，如果他們是在辦公室工作，那可以放些紙張、筆、迴紋針之類的東西。如果他們是在鞋子工廠做事，放幾片皮革樣品、蕾絲、布萊克品牌的鞋底（Blakey's SEGS），小槌子。

計畫出遊

當你照顧失智症病患的時候，因為害怕社交場合會帶來許多壓力，你便開始避免而越趨孤單，其實大可不必如此！只要做好計畫，仔細思考，出遊可以是非常令人滿足的，而且對於日復一日的生活來說，也是個開心的轉變。要準備的事項有……

請這麼做

- 計算旅途的長遠，要在患者可以忍受的時間距離內，永遠要預留多餘的時間。
- 把出遊的時間，安排在他們一天之中最有活力的時候。
- 考慮一下環境，他們喜歡有孩童在周圍嗎？還是不喜歡？
- 先讓別人知道你親人的特殊需求，先打電話給餐廳，在你坐下之前，很慎重地告訴服務人員你的狀況，把你想要分享的資訊先寫在一張卡片上，像是你會不會幫忙點餐，服務人員怎麼稱呼你親人，需要什麼特別的座位，或是餐食要注意的事項。
- 保持冷靜，預期一趟快樂的行程。如果你一直擔心事情會搞砸，你的焦慮會投射到失智症的患者上，他們其實很容易受到看護者強烈情緒的影響。

（感謝卡洛琳．貝漢的寶貴分享，請參考 www.brightcopperkettles.co.uk）

請務必閱讀**如何照顧罹患痴呆症患者**這個章節，以及其他有關失智症的內容。

如何照顧所愛之人的臨終階段

許多人都寧願在家中死去，周遭都是自己熟悉的事物，親愛的家人也可以來去自如。如果你和你臨終的親人希望如此，那你應該要跟醫生、地方的護士，或是癌症特別護士（Macmillan Nurse）討論實際的可能性。他們會是支持你的最主要來源，也會協助你安排特殊器材的供應，例如符合地方健康規定的氣墊或是起重裝置。

居家照顧親人雖然讓自己感覺踏實，但它也是個勞心勞力的工作。你得考慮自己的需要，找機會休息補眠，重新充電，並找到合適的幫手，來做自己的後援。

有些家人可以來幫忙做點事，有些人就是不能。把事情說出來，告訴你的家人／朋友你可以做什麼，做不到什麼。然而根據我的經驗，有些人的肩膀，就是會承擔比較多的責任。這種事要怎麼解決，才不會產生不必要的摩擦呢？

溝通，花時間將自己從病人身旁抽離，跟其他人溝通，接受其他人的幫助。朋友也許不像你一樣，跟家人有情感的連結，但他們有時候可能幫助我們見樹又見林，不再糾結不重要的事情。

——伊莉莎白．普謝爾，理工碩士
斯曼寧信託（The Lewis Manning Trust）執行長

請做好準備，這樣的溝通可能雙方都是緊繃的，保持耐心，試圖理解，並且願意公開地、坦誠地跟家人說出心裡的話。

- 對於其他家人無法投入照顧的行列，你心中可能忿忿不平，兄弟姊妹間的對立會浮現，對家庭的忠誠度會受到考驗。
- 你可能因為整天忙於親人臨終的事，而忽略了其他該注意的事。
- 你可能覺得只有自己一人在氣球裡面，無法跟「正常生活」連結，別人的日常對話都顯得不重要且事不關己。
- 你或許會開始覺得去餐廳，超市都很麻煩，太吵、太亂，或太多干擾。
- 你也許感覺自己的責任已經大到無法承受，快要崩潰。
- 你偶爾甚至會這麼想「真希望這一切趕快結束！」，然後又因為這種想法而感到愧疚不已。這代表著你已經不愛這個親人了嗎？當然不是。你因此成了個糟糕的或冷血的照護者嗎？當然也不是！這只代表著你是一個人，你擁有一些無法言喻的感受，就跟其他許許多多的照護者一樣。

請這麼做

- 讓你的苦痛發出聲音，告訴一個你信任的人，他會理解，也不會評斷你。
- 讓朋友知道你最近發生的事情，尋求實際的幫助，例如洗衣，或是請他們做幾道拿手好菜、美味熱湯給你，幫你採買食物，塞滿你的冰箱和冷凍櫃等等。
- 跟你的孩子和其他家人解釋你正在經歷的事情。
- 雇用一位夜間護士，這樣你可以好好一覺到天亮，半夜不被打擾。
- 給朋友或其他家人機會，來陪陪你的親人。
- 參加一個照護者互助團體。
- 去運動一下，可以紓壓健身、寫寫日記、畫畫，甚至砸爛一個你不需要的東西也可以！

請務必閱讀**如何實踐關愛的臨終照護**和**如何滿足情緒和精神上的需求**的章節。

針對臨終前的決定

我們許多人都很關切，在親人生命的末了，我們該如何協助他們，在他們選擇的環境裡死得有尊嚴。我經常說，所謂好的一生，是要有個好的結束。

要達成這個目標，我們就得預先幫我們的親友開始計畫，決定哪些是可行的選項，哪些是不可行的；這意味著我們必須開啟跟他們的對話，在他們變得無法說話表達或失去判斷能力之前，找出他們喜歡的方式。這種時刻相當敏感，但當你很確信你親人的願望之後，你會覺得很放心，你會盡己所能，按照他們的意思，做最好的安排。

對於臨終照料處理的決定，來自過去深植心中的個人信念，也根據個人對什麼是有品質的生活的定義來考量。面對生命的即將終結，有兩個問題，可以幫他們思考一下：

- 現在，什麼讓你覺得活著是值得的？
- 未來，什麼會讓你覺得不值得活下去？

你可能會發現，你的親人其實想要確認，當他們失去行為能力的時候，他們在乎的一些微小的事情能繼續下去。他們或許可以考慮建立一份生前契約（living will），裡面會陳述，未來當他們無法再為自己做決定時，他們希望如何被對待。想要讓契約具有法律效益，它在簽署時需要符合一些規定，個人在訂定契約時，必須很清楚的：

- 有思考能力做出契約裡的醫學決定；
- 理解這些決定的後果；
- 表達他們對未來處理的願望，並且；
- 自願做出這些決定，而非受到他人影響。

擁護選擇權之生前契約提供了一些由權威性的律師、醫生及護士所研擬的生前契約範本。若你的親友已經寫好了一份生前契約，你應該定期的跟他討論一下裡面的內容，確認他們的願望沒有改變。請參考網址（www.livingwill.org.uk）。

你的親人也許可以考慮準備一份**預先醫療指示書**（**advance directive**）代表拒絕一切治療。或是一份**預先宣告書**（**advance statement**）表明自己希望如何被對待的意願。舉例來說，如果對你的親人而言，積極化療，或是動大手術是唯一剩下的選項，那他們可能想要選擇安寧照護。他們只希望能減緩他們不舒服的症狀，尤其是有效的止痛方式，減輕他們的痛苦。這些指示或宣告，可以是一份正式簽署的、有證人的文件／卡片，或是口頭敘述，或者討論筆記，經由他們同意，記錄在他們的醫療檔案裡。關於日後的醫療處理，要求或拒絕維持生命治療，他們都可以事先交代好。你所愛的親人也可以決定把放棄心肺復甦術的同意書（Do Not Attempt Resuscitation, DNAR）放在他的紀錄裡，你還可以詢問他們是否願意死後捐贈器官。

釐清財務問題

我建議你去諮詢一些類似晚年規畫顧問協會（Society of Later Life Advisors,SOLLA）的機構，它們是一個非營利組織，可以幫忙家庭找到有信譽的、經過認證的財務顧問，來協助釐清晚年的財務需求。

喪禮的願望

自從跟我媽討論過她對喪禮的計畫之後，我現在感覺好多了。當然，我即將因為失去她而悲傷哀痛，但我可以不用煩惱，該如何送她最後一程，因為一切都是如她所願。

——珍

請不要覺得，你可以一次問完所有他們的願望，只要稍做筆記，等下一次時機適當，再繼續開始對話。以下是一些提問的範例，你可以很善體人意的去了解，他們會喜歡什麼樣的安排。

♥你希望被火化還是土葬？（現在多數的人會選擇火化，但如果你的親人希望被土葬，你必須在訂定喪禮計畫時先買好一塊地）

♥你希望什麼樣的棺材？（選擇可能包括柳條、實木，或是用壽衣包裹覆蓋）

♥你希望有鮮花嗎？你想先選好什麼種類的鮮花呢？

♥你想把收到的奠儀捐贈給慈善機構嗎？哪一個慈善機構呢？

♥你想在什麼地方舉行你的喪禮呢？

♥你會喜歡什麼樣的音樂？何時該放音樂？

♥你喜歡哪個詩篇或聖歌呢？

♥你希望誰在你喪禮上致詞呢？

♥你想請誰幫你主持喪禮呢？

♥你想先寫下你的話語，讓別人在你的喪禮上朗讀嗎？

♥你希望別人幫你守靈嗎？如果是的話，你希望在哪裡舉行守靈呢？

♥關於守靈，你要求什麼特別的食物和飲料嗎？要放什麼音樂呢？

我經常協助辦理的是在死前舉行的生命禮讚與回顧，也就是所謂的生前告別式。它可以用來榮耀你親人在這個世界的最後一程，讓他跟想要說再見的人一一道別，讓親友的愛，緊緊地環抱著她。踏上告別之路的儀式可以很有創意，它是有建設性的，也可以設計很多肯定臨終者的活動。我很幸運，一直以來，有很多靈性的導師指引著我，因此，當有人要求我訂定特殊的儀式時，我能夠參照不同的文化與傳統。

有一個我參與過的家庭儀式叫做禮物的引導（aya despacho），它是一個美麗的儀式，幫助即將往生的人有意識地走向終點。此儀式在南美洲的安地斯山脈已經傳承了好幾百年，它讓那些正在離世過程裡的人，感受到深層的祝福。這個儀式，帶給人們愛的完結，讓人更理解死亡，允許、也尊重必須迎接死亡的人。

一份禮物的引導指的是一包祈禱者準備的東西，用來感謝這個地球、這些山脈、這些靈魂，讓我們能活在這個世上。它可以是非常簡單，像是基本元素的東西，也可以很複雜華麗。在送禮的儀式中，參與者一起建立一個禮物包，放進各式不同的元素（每個元素都有一個象徵意義），每個放入禮物的人，帶著自己的祈禱，感謝這位臨終者，也感謝他們的一生。一份禮物的引導，彷彿是參與者搭建了一個彩虹橋，讓他們所愛的親人，能順利走上橋的另一端。子女跟孫子女都可以一起參加這個感人且歡喜的儀式，當你感謝並對臨終者的一生致上最深的敬意之時，他們會沉浸在你的愛與祝福之中，直到他們的形體離開我們。

照傳統這些祈禱包會跟著一起被埋葬，或是當儀式結束後，放入聖火燃燒。

一個放在背上的背包、一個布袋

我接下來會分享一個簡單的儀式，基本概念來自禮物的引導。我曾經跟一些孫字輩的孩童一起完成這個禮物包，他們可以跟你在長輩的床前進行。

製作一個背包／布袋

準備一塊一平方公尺正方形的布料，可以選擇任何明亮的顏色，把它展開來，並對孩童說明，你們要一起製作一個特別的背包／布袋，讓爺爺奶奶可以帶著上路，伴隨他們下一個旅程。你們會在背包裡裝進你們的願望、祈禱和禮物。

小孩子可以放任何他們想要放進去的小東西，他們要分享為什麼選擇這個東西的理由。把每個小禮物放在布料的中心，放的時候也可以對著它吹一口氣，表達你的愛。以下是一些物品的例子，以及它們可能象徵的意義：

- 五彩閃亮星星——跟星空連結。
- 彩色糖果或糖果粒——慶賀他們的生命曾經繽紛。
- 花瓣——安慰任何的遺憾，以及撫平因愛而生的憂傷。

- 玉米——送回給地球的禮物，感謝它曾經滋養我們的生命。
- 葡萄乾或其他果乾——送給其他已經遠逝的親戚。
- 一個巧克力錢幣——代表未來成功順利。
- 一張鴿子的圖像——它是你們禱告的使者。
- 米——讓禱告能夠實現。
- 鼠尾草或迷迭香——能保護往生者。
- 巧克力糖——感謝臨終者過去對你的溫柔慈愛。
- 合家歡照、結婚、逢年過節的照片。
- 彩虹、天使，或有開心笑臉的圖畫。
- 動物或寵物的圖畫。
- 跟水、海有關的圖畫，紀念我們的眼淚，我們的情感。
- 愛心圖案——代表我們共享過的愛。

當背包／布袋的材料都準備好，禮物和願望都蒐集好了的時候，你可以拉起布料的四個角打結後綁在一根竹棍上，這樣背包／布袋就完成了，有點像是迪克．魏汀頓（Dick Whittington）肩上扛的竹竿和布袋，讓祖父母可以帶著上路。這個包包可以一直放在臨終者的房間，讓他們可以看著那些實際的東西，心裡感覺溫暖安慰。

最後，它可以跟著往生者一起埋葬，或是放在棺材裡一起火化，依照親人生前的願望。

童言無忌

孩童的參與，以及實際上他們對死亡的看法，對逝者與家屬來說，會是一種美麗的慰藉。當我父親過世後，我告訴兒子和他的表兄弟，一個五歲、一個六歲，他們天真地似懂非懂，還開心地衝向院子裡的彈跳床，在上面又蹦又跳，一邊喊著：「太好了，爺爺去天堂了，太好了，他在天堂了。」我兒子看到我哭了，還問我：「媽咪，如果天堂這麼美好，為什麼你們要為去了天堂的人難過呢？」「天堂應該像是個舒服的飯店。」他繼續：「天使們看到爺爺的第一句應該是，要去酒吧請往這邊走！」我忍不住破涕為笑了。

個人化的服務

當我接下喪禮／告別式主持人的任務時，我都希望我能創造一個美好的、鼓舞人心的、療癒每個參加者的經驗。大家在哀傷的時刻裡，很少有人會記得你真正說了什麼，但他們會記得你帶給他們的感受。我很榮幸能為許多家庭成員打造一個完美的典禮或儀式，無論是宗教性的服務、多重信仰的，或無信仰的儀式都有。我覺得這是我的特權，能去了解那些長者或逝者的生平，為他們寫下悼文，讓家屬感到安慰。

我曾經在森林、古堡、海邊、花園、石頭園，還有教堂、猶太教堂、火化場等舉行過喪禮。所以，當你在計畫喪禮時，別忘了你可以有很多不同的選擇——林地的樹葬、海葬、火葬服務、維京（Viking）式的葬禮，傳統的宗教儀式，還有自己ＤＩＹ的喪禮，包括家庭喪禮。

慎重的緬懷我們所愛的逝者，不僅是對他們的一份敬意，也是強化我們家庭與社區的方式。告別式應該要提升和連結我們，在我們最有可能感到悲哀與失落的時候，提醒我們該為死者活過的生命慶賀。

家庭喪禮和自助式喪禮

當你考慮自己辦喪禮的時候，你的選項其實滿多的，你需要好好研究一下，看看哪一種最適合你和你的親密家人。現今喪葬業的費用越來越高，他們的客製化服務也有限，因此許多的家庭選擇在家自己辦喪禮。然而，如果你的親愛家人是在家中過世，或是你準備把他們的遺體接回家來，你一定要遵守幾個重要的步驟——包含死亡登記確保你有合法的文件，才能進行火化或埋葬。

你可以在家舉行所有的或部分的儀式，如果親人曾要求的話，你可以將骨灰撒在花園裡，也可以埋葬在私人住宅的花園裡，只要符合環保局的某些規定。

如果你想要安排一個自助式喪禮，很重要的考量是，在喪禮之前，你要把遺體存放在哪裡。你需要一個合適涼爽的地方，以延緩身體的自然腐敗。你也可以洽詢一家葬儀社，單純只使用他們的冷凍設備。當你要計畫自助式的喪禮時，請設法找到一家葬儀社的總監，樂意提供你特別的服務。你也需要安排交通，運送遺體到你準備舉行的地方——通常棺材可以放進休旅車或廂型車，只要確定它是安穩的被固定住。

你需要考慮音樂、流程、誰來主持、鮮花和其他個人化的東西。若你所愛的人對喪禮的願望未曾留下隻字片語，那你得自己決定這些要素。

在選擇棺材或棺木的時候，有些人會選擇用壽衣包裹埋葬，或是穿著環保材質，如菇類做成的套裝來下葬——它是一種自然生物分解的服裝，去除身體裡各種的汙染，例如殺蟲劑、重金屬，或防腐劑，這個過程叫做真菌修復，此種套裝藉著菇類的孢子和其他微生物附著在身體上，漸漸消化分解。另一個埋葬的選擇是水葬或鹼性水解。

想要綠色環保的葬禮，你可以上www.goodfuneralguide.co.uk網站閱讀有關友善環境的埋葬方法。

另一種綠色選項是採用自然分解的骨灰罈，它可以形成一個自然環境，讓植物或樹生長，骨灰能夠直接成為植物的養分，這也是一種活的紀念。

有創意的骨灰處理方法

或許你已經知道你的親愛家人希望如何處理紀念他們的骨灰，如果他們沒交代的話，你可以有很多的選擇。

將骨灰放在訂製的罈子後，越來越多人喜歡把骨灰罈送到特定石洞去，在那裡永久長眠。它也提供了一種紀念生命的管道，沒有時間限制，也不會產生費用。我最近去過一些石洞，在那裡舉行喪禮，其實是相當美好的經驗。請上網查詢 www.sacredstones.co.uk。

想要分撒骨灰的話，有一些創意的方式，可以很個人化，又別具意義。我將媽媽的骨灰，從熱氣球上灑落在薩賽克斯丘陵山脈（Sussex Downs）上，那是她熱愛的地方。其他方式包括將骨灰做成特製的首飾、指紋紀念品、水晶串珠，甚至是鑽石，有許多專門的公司在做這類的服務，像是 www.earthtoheaven.co.uk 或是你可以自己尋找一位手工藝品專家。

若你的親愛家人是壽終正寢，那其實是值得慶賀的，不妨讓他們走得轟轟烈烈的。真的，就是照字面上的意思，把他們的骨灰做成煙火，有一些專門的公司會幫你放煙火，絢爛又美麗。

位在杜爾塞（Dorset）的安心礁石（Solace Reef）公司，可以將骨灰製作成人工的紀念礁石，讓人能永遠的成為一個活的紀念物。骨灰先放在一個像金字塔的、環保的「安心石」（Solace Stones）裡面，然後將石頭放進海底裡，它會形成一個健康的生態環境，幫助其他海裡生物繁衍成長。請參考www.solacereef.co.uk。

你或許要做骨灰刺青，把一小部分你愛人的灰燼混進刺青的墨汁裡，骨灰還可以用來創作典雅的人像畫。（請上網www.heidehatry.com參考海蒂・哈赤〔Heide Hatry〕的作品）

我也認為安黑膠公司（And Vinyly）提供了很有趣的服務，它們可以將你親愛家人的骨灰壓製成可以播放的黑膠唱片，上面錄製了他們生前最喜愛的音樂。請搜尋www.andvinyly.com。

骨灰可以從一般的小飛機上灑落，撒在足球場上，甚至，如果樂團同意，可以撒在他們的現場搖滾音樂會上……想要紀念你所愛的逝者，有許多深具意義的、個人的方法，網路上還有更多的點子。當然，你可以簡單地把骨灰放在自己家裡，想怎麼做，就怎麼做。

針對遺憾這件事

親人臨終的階段，對家庭來說是很重要的時刻。它可以把延伸家庭的成員都凝聚在一起，雖然大家都很悲傷，但能共度一段時光，也是難能可貴的。然而死亡，尤其是對喪偶的人來說，可能會引起他們聚焦在家庭的紛爭上，或是那些沉寂已久、一直沒有解決的問題上。請想想你自己的情況，你的另一半走後你會感覺如何，會有許多不曾說出的話，不曾修復的傷口，和化解不了的怨恨嗎？會有很多你日後可能後悔的事情嗎？

若你跟你的親愛家人間存在過許多未解的問題，就算想要和解或原諒，你都感到為時已晚，那你可以考慮以下來自夏威夷和歐波諾波諾（Ho'oponopono）的祈禱文。

請對著你的親愛家人不斷訴說以下這段話語，即便他們已經無法回應你了，這樣可以讓你們平靜，並完全地接納彼此。

我愛你；

我很抱歉……

請原諒我……

謝謝你；

我愛你。

請記得就算人已進入彌留狀態，他還是可以感覺和聽見周遭的聲音，所以請持續跟他們說話，撫摸他們。

我記得當我父親在臨終的階段，我對他的一些行為，其實有股莫名其妙的憤怒，我忍了很久，一直沒有對他爆發出來。我深愛我父親，但也很害怕他，尤其是他酒後狂亂的時候。我不敢跟他正面衝突，只好選擇默不出聲，息事寧人。後來我必須找到一些跟自己跟他和解的方式，原諒他，我們才能走上一條「清淨的道路」，兩個人都真正釋放了，然後互相道別，各自珍重。要做到這點，我知道我必須對他說出**我的真話**。那天，當我準備卸下重擔，釋放情緒，真實面對時，我感覺很平靜。我握著父親的手，輕聲地，但自由自在地說出所有我們關係中的真相。很重要的，我請他聆聽，直到我把話說完。我跟他說了一個多小時的話，往事歷歷浮現在眼前。我也希望他原諒我，因為當我如此誠實地跟他道盡心中事時，我覺得我已完全原諒了他。我感謝他創造了我，我也感謝他帶給我的種種挑戰。我跟他說，他的生命滋養了我，我知道他愛我，我會想念他，但我現在不生氣了，也不埋怨了，我可以讓他走了。我幫他洗洗腳、梳梳頭，用我的方式，向他致上敬意。

對我來說，那是個關鍵性改變生命的經驗，我真的感受到平靜與療癒，我相信父親也是。因此，雖然這個回憶在《照護的核心》裡已經分享過，我還是要再提一次。

愛的力量

即便你的親愛家人可能已經不記得你是誰，但在重要時刻的深層意識裡，他們還是會接收到你對他們的感受。所以，你可以花點時間，坐在他們身邊，握住他們的手，輕輕地梳理他們的頭髮，幫他們按摩，親吻他們，給他們一個擁抱。

他們可能也無法表達他們的感謝，但你的溫柔照護，會讓他們感覺舒服安慰。傳達你對他們的愛，不期待任何的回報，那是一種真正的祝福，一份共享的禮物。

我想跟我所有的家人說聲我愛你們，然而遲早會有那麼一天，我再也不能說出這話了。

——大衛，失智症患者

說聲再見

對臨終者而言，死亡是非常個人的經驗，無論你做什麼，他們都得獨自走過，這也是為什麼我們會感到如此無助。你和你的親愛家人，可能都會經歷一些悲傷的階段，否認、憤怒、憂鬱、妥協。你可能想要跟上帝，或其他超凡力量者談條件，你想停止死亡的腳步，你不想說再見，你不要自己這麼的無能為力，你也許發現，你的親愛家人比你更做好準備接受「他們的時候」到了。

他們願意投降了，而你還希望他們繼續奮戰，你想要他們留下。這種內在的翻騰，會耗盡你的心力。若你的親愛家人能安於他們的狀況，請在你心中也找到一處安靜的地方，在那裡放手讓他們走，溫柔的、充滿愛的幫助他們，順利的過渡到下一個目的地。

若你的親愛家人已無法回應，你還是要告訴他們，你愛他們。請跟他們說，當他們走後，你會把所有歡樂的回憶珍藏在心中。請讓他們知道，他們可以放心地離開了。有些人需要一個死亡的「許可」，他們才能不再被這個世界「綁住」。如果你的信仰堅信如此，你可以跟他們再次保證，「你會跟他們再見面」，你會守住這份愛，不會失落無依。

你也許覺得，在床邊跟他們說些話，為他們祈禱，或不斷安慰他們，能讓彼此更容易放下。請看看下面這段話是否能引起你的共鳴。

> 我的心此刻是滿溢的，我感謝我們曾經分享的愛，我也感謝那些珍貴的回憶和經驗。帶著愛與平靜的祝福，我現在要讓你走了，我們的愛永不止息，它會流過夏日的綠蔭草地，讓你輕盈的走向靈魂帶領你去的地方，你，自由了。
>
> ——亞曼達．衛爾寧

臨終的時刻

當我最愛的外婆即將往生的時候，我坐在她旁邊，她已經不能說話，她的嘴巴張開著，呼吸很急促。有時打鼾，有時發出噪音，聽起來讓人很不舒服。我知道她的嘴巴一定很乾，所以我用濕布輕擦她的嘴巴和嘴唇。我希望她能覺得很安詳，可是她發出的聲音讓我很煩躁。我有點罪惡感，我想要專心地與她同在，但我必須得走出去透透氣。我發現自己是不安的、抽離的，當我媽來到醫院的時候，外婆的呼吸模式又改變了，時而大聲刺耳，時而輕聲安靜，然後，她的呼吸停了下來……又忽然開始……接著又停止。我跟我媽看著彼此，眼眶充滿淚水，認為死亡的一刻來到了……但沒多久，外婆又開始呼吸，每一次她停止呼吸，我們也摒住氣息，感覺心跳也跟著她靜止了。過了彷彿很長的一段時間，外婆都沒有呼吸，然後她又會吸一口氣，這樣子反反覆覆進行，我和我媽一直戰戰兢兢的預期這是最後一次了……這是最後一次了……結果我們倆都控制不了，笑了出來，我們趕快跟外婆說抱歉，眼淚也止不住地留下，我們笑中帶淚，悲喜交加。我從未想過我們在臨終前會展開笑容，但這樣反而讓所有人都放鬆了下來，我希望我的外婆，一生之中都很有幽默感的外婆，能原諒我們，我希望她最後聽見的是我們的笑聲，而不是哭聲。

當時我不知道的是，這種呼吸的模式其實是很常見的，它被稱為陳施式（Cheyne-Stokes）呼吸，發生於最後的臨終階段。

我外婆過世後，我就成為了安寧人員和靈魂陪伴員（soul midwife），盡我所能的陪伴臨終者，讓他們平安地走完這個過程。跟你分享我的知識和經驗，希望對你有所幫助。

最後一口氣

經常，臨終者會緊抓著微弱的生命不放，直到某個親戚或朋友出現在他們的床前，或是直到撐過某個特殊的日子，如紀念日或生日。

相反的，有些人特意的選擇獨自面對死亡，如果你正好外出或休息，不在他們身邊，你可能會覺得愧疚不已，你錯過了那個緊要關頭，你讓他們失望了；或者你感覺有點受傷，似乎他們不想跟你一起，迎接死亡。請記得，或許對臨終者而言，少了另一個人的羈絆，他們比較容易放手。

當死亡來臨的時候，它可以是非常迅速的，有時候當臨終者心肺停止的時候，他們會喘幾口氣，而當他們真正死去的時候，他們看起來會年輕幾歲，就像是所有的煩惱與憂愁都不見了，他們如釋重負，無比安詳。在面對死亡的那個剎那，你可能有很多不同的感受，可能是非常靈性的體驗，或者是情緒上不去的感覺，你也許覺得悲痛，覺得鬆了一口氣，甚至是麻木，什麼都感覺不到。或者，你有個直覺，臨終者的魂魄已經離開了，眼前只不過是個空的軀殼。

你可能發現，單獨地跟這個身體相處，是很安心的，甚至是意外的平靜。有些人會說，他們好像看到了一團霧氣，縈繞在身體的四周，然後漸漸散去。也有人說，他們看到一束愛的光芒，照亮了整個房間；一陣美麗的香氣；或是房間的溫度突然改變了；有些人覺得房間裡的空氣變沉重了，需要一段時間，才能恢復清新。

有些朋友或親戚即便不能前來，也能「看到」或「感受到」親愛家人過世了，而且可以感應到死亡的時間。這種靈魂上的探望，可以讓許多人覺得安慰和釋懷，「在天堂與人間之際，存在更多玄妙的事情……」

請聯絡相關機構，來尋求建議，讓你能幫助你臨終的親人。

面對痛失所愛的悲傷

當我母親過世的時候，我感覺我與她之間連結的臍帶也斷掉了，我不知道「沒了她之後我是誰？」我感到失落，覺得被遺棄。即便我已經照顧她兩年了，也歷經了許多意料之中的哀傷；即便我在最後能幫助她，以尊嚴的方式死去，我還是覺得自己像個六歲小孩，才剛剛明白，她的媽咪不會再回家了。

二〇一七年一月過世的蘇波芙．蘇梅（Sobonfu Som'e）是一位很會啟發學生的老師，她來自西非的布吉納法索。多年來，她的使命就是要將她的國家智慧，傳遞給西方世界的人，她分享她的文化中，如何面對失去的問題。

她經常強調，要允許悲傷的過程慢慢展開。在Youtube上有許多她的演講和教學影片。她在《另類》（*Alternatives*）雜誌的一篇文章寫道，哀傷可以是正常生活的一部分。沒有人會問她，她的哀傷究竟是否已經結束，取而代之的，人們會問她，她是否已經歷足夠的哀傷。

從整個社會的角度來說，我們可以做些事情，來幫忙療傷。蘇波芙建議，第一步就是要接受自己和別人的哀傷。我們可以在公共場所建置一個悲傷的房間或聖壇，讓人們進去悲傷，當我們看到並默許彼此悲傷，這種共同的哀傷能夠帶給我們不同程度的療癒，一種深層的自在與相互肯定的療癒。

想要健康地處理悲傷，一個重要的元素就是讓它自然而然地發生。每一次情緒來的時候，就讓自己去感覺這個情緒。悲傷應該要維持多久，沒有什麼清楚的界限，悲傷的「階段」可能周而復始，每個人的經驗都會不太一樣。因為經歷了某人的過世，尤其你正好目睹一切過程，你可能變得不想接觸人事物，甚至跟自己脫節，這是很正常的，你會覺得，你好像一個人漂流到孤島。

悲傷是一個練習放手的持續旅程，你需要從中理解，失去了那個重要的人在你身旁，你該如何往前邁進，走向下一個新的人生階段。你先暫時別想讓自己恢復正常，一個人在哀傷的時候，時間彷彿悄悄地從窗外溜走了，你在傷心難過的當下，會覺得自己身處不同的時空，你看著日常生活，像是隔了層玻璃，又像是在夢裡。你不知道一個人該怎麼辦，你迷路了，你很孤單。你也可能開始深深地懷疑你人生的每一件事，悲傷的方式沒有對錯，但請你對自己溫柔一點，多關愛自己，你畢竟經驗了驚愕、失落、憂傷，和憤怒等各種情緒。

當我們遭逢喪親之痛時，除了面對自己的悲傷，我們可能還要照顧喪偶的父、母或年邁親戚，他們可能不想，也不願繼續單獨活著。當我們處理自己的失落時，他們的寂寞和絕望對我們會有很大的影響。在這段哀傷的過程裡，請好好照顧自己。

- 你也許經常會覺得非常疲倦，只要你可以或需要，請盡量睡覺休息。
- 給自己時間和空間，來處理自己的情緒。
- 也許用寫信的方式，跟你逝去的親密家人談談死亡，這樣對你是滿有意義的。
- 別忘了要吃飯，雖然這是件簡單不過的事情，但你的身體會需要養分，來支撐你有足夠的耐力，完成所有的事情。
- 跟其他家人朋友聊聊，約見諮商師或傷痛輔導老師。
- 尊重你的感覺，想哭的時候就哭。

肥皂清潔我們的身體，眼淚洗滌我們的靈魂。

——猶太諺語

讓痛苦說話；沉默的憂傷，對著悲悽的心，低聲哀吟，直到心碎。

——威廉．莎士比亞

建置一個祭壇

過去的十年間，我協助過許多傷痛的家庭和夥伴，我提供靈性方面的諮商，傳授處理悲傷的方法，並舉辦儀式。我推薦可以為你的親愛家人設置一個祭壇，成為你治喪期間的精神所寄。

選擇你家中一個特殊的空間，來設置祭壇。用任何你喜歡的方式，紀念你的親愛家人，它能夠將你的悲傷、原諒和希望帶到一個集中的地方。許多喪家會自然而然地把逝者的照片、他們創作過的作品、他們蒐集過的東西、他們最喜歡的衣物、他們的書信、卡片、首飾、食譜、他們欣賞的詩集和祈禱文等放在祭壇上。不管是什麼東西，只要你覺得合適，都可以放在一個桌上、壁爐架上，或書架上。你也可以放些新鮮的花朵，一個蠟燭，或是彩色小燈台。

建立一個祭壇，可以幫你和你的親愛家人重新連結，讓他們感覺更靠近你，給你一些安全感。在你陷入巨大的哀傷時，感覺有所依靠，每當你想念他或她時，你隨時可以去到祭壇前。放點他們喜歡的音樂，也讓他們似乎一直活在你的心目中。

製作一個供品（Ofrenda）祭壇

你可以考慮，在慶祝傳統的諸聖節（All Saints Day）時，自己製作一個供品祭壇，來紀念你的親愛家人。在西班牙裔的傳統中，他們會製作祭壇，在「亡靈日」（El Dia de los Muertes）時，紀念所有的逝者（十一月一日和二日稱為諸聖節和諸靈節）拉丁美裔的人慶祝亡靈節是歡樂的，他們的重點是放在慶賀和紀念亡者的一生，他們覺得生命是延續的，他們不認為死亡是結束、是終點，他們認為死亡，是新生命的開始。

供品祭壇，是一個精心裝飾的地方或桌子，上面擺滿了獻給亡靈的供品，以表達他們對逝者的愛與感謝。以下的物品，經常出現在祭壇的擺設上。

- 相片和雕像：放一張敬愛的逝者照片，在西班牙裔的文化裡，放幾尊他們信仰的聖者雕像，也是很常見的。
- 食物和飲料：放些逝者生前愛吃的食物、飲料、麵包等，水也是很重要的，象徵清潔和重生。
- 鮮花：鮮花代表著生命的勇氣，在供品桌上是必要的擺設，傳統上會放墨西哥萬壽菊，它們強烈的香氣據說可以引領逝者回家。
- 蠟燭：供台上經常會有很多蠟燭，蠟燭有不同的形狀、大小，和設計，意指活著的、形形色色的人。
- 焚香：點燃樹脂香是為了讓靈魂能循著味道，回到這個世界，在墨西哥的教堂和家裡，傳統上都會使用樹脂香。

- 喜愛的物品：供品桌上也會擺一些逝者生前喜愛的東西。

遵循這些傳統，或許能讓你感到安慰。在西班牙裔的文化裡，數百年來都如此延續著。

轉化悲傷

在我媽媽人生的最後幾週裡，有一次我服侍她的時候，她說：「我認為我會變成一隻蝴蝶回來。」那個時刻很美好，一直留在我心裡，我也跟其他的家人分享了這個畫面。在她要火化的那一天，我一想到她的身體被火燃燒，就不由自主的痛苦了起來。火化當然是她的願望，但不知為何，我就是不能忍受，從我悲傷的雙眼看去，她的身體好像被無情的吞噬了。然而，當要收起布簾，蓋上棺材時，一隻紅色的優虹蛺蝶忽然順著一道陽光飛下來，在蓋棺之前，停在布簾上。所有參加者都看到了，但只有我和我的家人明白，這一幕深刻的含意。蝴蝶的造訪，帶給我們極大的慰藉。

當你慢慢地從悲傷的繭裡走出來的時候，你會依照自己的腳步，開始跟外在的世界連結，也跟過去銜接起來。你會迎向陽光，步步邁進，你改變了，不再是為了生存下去，而是為了真正的活著。如同我在媽媽的告別式上所說，我們要活在當下，並且，要重新擁抱生命。然而，這些話經歷了八個月，才再度提醒了我。

向前邁進

失去我所愛的人，就像是生命突然裂了一個大洞，照顧他多年，我不知道接下來該做什麼。還好我開始在醫院當志工，那種被需要的感覺真好，也填補了我心中的鴻溝。做義工幫助我走過我的悲傷，我也認識了一些新朋友，我再度，感覺到生命的意義。

——照顧者，安妮

善用你的失落感

創造一些具有永久意義的事物，向你的親愛家人致敬。可以考慮建立一個紀念地點、獎學金、一個匾額、紀念冊，或捐一筆錢到慈善機構，以緬懷他們。種一棵樹、一片野花草原，或是在他們最喜歡的地方，訂製一把長椅，讓後人也可以享用。寫一個故事、做一首詩，或拍一部影片，跟其他的家人和照顧者分享你親愛家人的特別故事。

也許這些素材很適合在學校或網路分享，因此會有更多的人能欣賞逝者的特質，並被感動。

請善用你的知識來幫助別人，聯絡你在地的阿茲海默協會、老人中心，或安寧機構，你可以自願搭配新進的照顧者，將經驗傳承。

請注意

你的溫柔照護，衷心關切，可以支撐你所愛的人，走過困難且可能漫長的路程。分享你的所學，傳遞快樂，尋找新的意義，為你的照護者之旅，寫下最美好的終章。

自己同樣受過傷的人，最懂得如何輕柔包紮另一個人的傷口。

——湯姆士．傑弗森（Thomas Jefferson）

第二章 如何照顧失智症患者

不被需要，不被愛，不被照顧，被所有的人遺忘，我認為那種飢渴，那種貧困，比沒飯吃的人還要悲慘。

——泰瑞莎修女

在照顧失智症的這段旅程中，會充滿了喜悅，隨興，笑聲與愛，但同時也會有黑暗的時光與困難的挑戰。這個章節會引導你航行到終點，也讓你積極的支持失智症患者，他們面對未來的變化，可能惶恐不安。如果以後你遇到問題的時候，這些正面的策略方法和訣竅，可以給你指南，讓你有方向。

照顧失智症患者，我們要學會進入他們的世界，他們的成長背景，他們重視什麼，關於他們的事情，我們知道越多越好。當然，了解一般失智症患者的需求是很重要的，但同等重要的是讓他們確信，我們身為照顧者，會如影隨形的在他們的身旁，幫他們表達自己，讓他們安心，我們會全然的接受他們，無論當下發生什麼事情。

失智症患者看世界的方式會跟我們不一樣，他們會進出不同的時光隧道和場域，可能一開始會嚇到照護者，然而有時候也可以是很天馬行空的，甚至還滿刺激的。

我們很容易會下錯誤的判斷，或是想「修正」他們的混亂，反而讓他們緊張起來，更加害怕。因此，我們務必要理解，失智症對身體以及心理造成的影響。我們的生命，會因照顧失智症患者而豐富，所以請對這段學習之旅保持開放的態度，跟你的失智症患者一起坐時光機旅行吧：它可能是踫碰碰撞撞，但令人興奮，又充滿洞見的航行。

與失智症共處，不等於要放棄有希望，有尊嚴，有自主能力的生活。西雅圖集會所（The Gathering Place）的成員，都是一群剛開始喪失記憶的老年人，為了鼓勵其他罹患早期失智症患的老人，他們寫下了這段勵志的話：「我們已經學習到，如何在發現自己漸漸喪失記憶的同時，仍能跟家人和朋友過著有建設性的生活。我們想帶給你希望，你的生活也可以很充實。前面的道路會有很多的障礙，但你其實是有機會可以回饋給你的社區，和你自己的。你將會體驗到美、快樂與善良。」

請注意：在這本書裡的每一個章節，你都會讀到關於失智症照護的建議和叮嚀。

理解失智症

失智症主要有五種類型，但每種類型都有一個共同點，那就是心智能力的喪失，它不是一般正常老化都會有的症狀，是會隨著時間演進而不斷惡化的疾病。

阿茲海默症（Alzheimer's Disease）

超過六十五歲的老人中，阿茲海默症是失智症，也就是喪失心智功能最常見的原因。這個疾病的名稱源自於一位德國的神經學家阿洛伊斯．阿茲海默（Alois Alzheimer）它是一種漸進的，退化性的功能異常，它會攻擊腦部的神經細胞，或神經元，因而導致記憶、思考和語言功能喪失，行為也會出現改變。

路易氏體失智症（Lewy Body Dementia, LBD）

這是常見的一種失智症，僅次於阿茲海默症。它經常發生在五十歲以上的人。主要有兩種類型：

- **路易氏體型失智症（Dementia with Lewy bodies）**開始的時候，你會發現自己身體移動有困難，一年之內，就像阿茲海默症一樣，記憶會出現問題，行為逐漸變化，還可能產生幻覺。
- **帕金森氏失智症（Parkinson's disease dementia）**最初也是行動上的問題，到了較晚的階段才會有記憶的困難。

血管型失智症（Vascular Dementia）

血管型失智症對不同的人有不同的影響，然而，通常來說，症狀會突然發生，舉例來說，在中風之後發生。症狀可能跟帕金森及其他類型失智症都很像，但他們會特別顯現身體虛弱，癲癇，失禁，心理問題，過度偏執，劇烈混亂，以及憂鬱。

亨丁頓舞蹈症（Huntington's Disease）

早期的症狀往往是輕微的情緒或精神問題，它是一種遺傳性的異常，當疾病演進時，不協調的，僵硬的行為舉止會越來越明顯。身體的能力會越來越惡化，直到行動困難，無法言語。

匹克症（Pick's Disease）

匹克症是一種比較少見的失智症，患者人格上的變化，讓醫生得以判斷是阿茲海默症或是匹克症。他們在行為上的變化可能包括：

- 極度不安；
- 衝動，欠缺判斷；
- 暴飲暴食，特別想吃一些不熟悉的食物；
- 過去有禮貌，現在非常粗魯；
- 不注意個人衛生；
- 無法抑制性慾；
- 對他人毫不在意；對周遭的事物也失去興趣；

情緒變化多端。

（網路醫生網站〔Web MD〕，維基百科，醫療聯盟〔Clinical Partners〕）

照護者經常不太清楚患者得的是哪種類型的失智症，而且，就算他們知道，不同個性的照護者也會有不同的體驗。我們看見，我們觀察，我們學習，我們凝視著生命的歷程，它形塑了我們，讓我們成為我們。我們從各種角度觀看，什麼能幫助患者，什麼會讓他們不高興，我們都會跟團隊分享。行為紀錄表應該要用在正面的地方，而不是只記載負面的行為，一個快樂開心的反應，應該被註明，我們才能學習，不斷的進一步理解，他們的世界，他們的圈圈。

——曼蒂魯．道克瑞普（Mandi Randall-Cramp）
十四行詩照護之家（Sonnet Care Homes）

失智症典型的行為表現

所有的行為都是有意義的，需要被了解，而不只是被「管理」。失智症的人，他們越來越不能倚賴思考，只能憑感覺，所以提供情緒上的照護是相當重要的。這也意味著，你自己要感性的投入，才能支持那些被你照顧的人。

失智症典型的行為表現可能包含：

- 混亂和迷惑；
- 忘記名字和地方；
- 喃喃自語；
- 到處漫遊；
- 無法參與跟上討論；
- 自己不能獨立行動；
- 動手揮拳和攻擊；
- 整天走來走去；
- 無法控制自己；
- 別人想幫忙的時候不肯合作；
- 不斷重複同樣的事；
- 怒吼或尖叫。

最讓我害怕的是，未來不知道會發生什麼事。

——查爾斯（血管型失智症患者）

就算我做錯了，我也不知道怎麼做才對。

——金妮（匹克症患者）

我很煩惱，我漸漸忘了我自己。

——諾爾門（阿茲海默症患者）

當你分不清楚什麼是真的，什麼是假的時候，實在是種奇怪的感覺。

——桑卓（路易氏體失智症患者）

理解失落

真正的理解，讓我們不去批判，而是去肯定他們的感受，在我們能協助的時候盡量協助。我們如何從他們的世界，而不是我們的世界，去靠近他們？我們能做些什麼，來減輕他們的痛苦和焦慮？

創作一系列受人喜愛的奇幻作品《碟型世界》（*Discworld*），暢銷漫畫作者泰瑞．普瑞切特（Terry Pratchett），長久以來，一直與早發性的阿茲海默症奮戰。他非常公開他的經驗，對廣大民眾的知識提升很有貢獻，甚至也拍了電影。他盡力保持樂觀，然而，有時候很明顯的，對於自己一點一滴的消逝，無能為力，只能眼睜睜地看著它發生，他倍感苦痛。

老人家需要你的支持和理解，才能適應可能即將面對的各種失落：

- 失去心智能力，包括短期記憶的喪失，以及邏輯判斷推演的能力；
- 溝通能力的喪失，因為注意力無法集中，語言能力也產生困難；
- 喪失部分感官的能力；
- 無法獨立自主——容易迷路，活動的時候需要有人督導；
- 失去自己。

種種的失落加在一起，會造成沮喪，憂鬱，焦慮，自尊低落，並對未來感到害怕。你可以給予他們很多的讚美和鼓勵，慶祝他們的進步，聚焦在他們的積極態度，以強化他們的自我信念。

想提供他們最高品質的照護，意味著你自己得相信，這不是一種莫可奈何的，什麼都改變不了的疾病，只要你支持，他們的整體幸福感是「**可以**」而且「**一定會**」改進的。

我有失智症，可是失智症裡沒有我。

——大衛

失智症專家，作家，也是驗證療法研發者娜歐咪・費兒（Naomi Feil）的研究成果很值得我們參考。對於失智症患者如何彌補那些失去的功能，她給了我們很寶貴的洞見，以了解整個過程。舉例來說，當短期記憶無法運作時，為了維持生活的平衡，他們會試圖擷取更早以前的記憶。當視力開始退化的時候，他們會設法用想像來看，而當他們再也聽不到周遭發生的事時，他們會聽見過去的聲音。

深層連結

我們有機會跟失智者學習，因為他們可以教導我們，我們的人性是什麼。我們陪伴老年人，肯定他們愛人與被愛的需求一直都在，沒有消失，透過我們的參與，失智症者的情緒孤立感可以降到最低。有一個朋友跟我分享了以下的故事：

自從祖母的失智症日趨嚴重後，她就住進一個照護之家。當我去探訪她的時候，我唯一能做的就是陪陪她，但她會困惑地看著我說：「我不知道你是誰。」然後我會回答：「我是誰不重要，重要的是我愛你。」

接著她會說：「我搞不清楚我怎麼這麼老了，而且我怎麼還活著。」我就會解釋：「你正在放手，一點一點的放手。」「我是不是快死了？」她問。「這樣要死不活的實在很難受，我什麼都不記得了，一丁點兒都記不得。」我會試著鼓勵她，「我了解，但你只需要知道我愛你，我記得我們之間的事就好。你不需要記得任何的事，記得我愛你就夠了。我愛你。」

溝通，絕不僅止於訊息的交換。它是我們表達想法，情感，希望和夢想的管道。它可以是一個眼神的交流，握一握手，一個擁抱，或一個微笑，就可以讓人與人之間彼此連結，讓我們不再感到寂寞與孤單。

人類發明擁抱，就是要讓對方知道你愛他，而你什麼話都不用說。

——比爾．吉恩（Bil Keane），喜劇演員

我們不需要總是用語言來填滿所有的空白與寂靜。當有人走在失智症的路上，而你想要感性的跟他們溝通與連結時，耐心和陪伴才是最重要的。

我媽現在看起來像是一個人的空殼，我很難提醒自己，貝殼裡住的是顆美麗的珍珠，因為我打開不了她的殼。

——穆芸，照護者

了解如何「打開外殼」，可以讓我們有機會跟失智症患者建立有意義的關係——即便只是曇花一現的關係。

對於失智症患者而言，很重要的是讓他們跟家人和家庭活動保持不間斷，他們才能安心，產生歸屬，認同和存在感。

溝通的挑戰

當我們試圖跟年長的失智者溝通時，可能會碰到一些特別的挑戰，因為他們無法確切表達自己的想法和感受。很多原因造成這種現象，他們可能：

- 聽不懂你跟他們說些什麼，也不曉得周遭發生了什麼事；
- 過去與現在混淆不清；
- 記不得每天的日常慣例；
- 意識時而清醒時而模糊；
- 感覺迷失在現實環境和社交場合裡；
- 對於問題的理解和感知都大幅降低；

- 無法喚起記憶；
- 與人對話交談的速度減緩；
- 不斷重複同樣的話；
- 沒辦法傳達訊息給她人；
- 描述一些不是在聽者世界裡會發生的事情；
- 無法閱讀或寫字；
- 不跟人眼神交流。

（改寫自阿茲海默症協會二〇〇九年公布的導引）

請注意

我們仍然可以跟失智症的老人以有意義的，有創意的，有趣的方式，建立情感的連結。請順著他們的敘述，故事，和時間走，讓自己放鬆一點，你不再停靠在「現在」和「真實」的港口，而是停在他們的世界，跟他們互動，照顧他們的需求。當你充滿同理心跟他們溝通的時候，他們的壓力降低了，自尊提升了，幸福感也增加了。

正向溝通的技巧

介紹自己時，說出自己的名字。

「哈囉，是我啊。」會讓他們困惑。

散發正面的態度

失智症患者會從你的身上尋找暗示，所以如果你說說笑笑的話，長者比較有可能也跟著你一起開心。微笑是會傳染的。

多加讚美

大多數的人被讚美之後，心情都會好轉起來。挑戰自己去找到讓長者可以自我感覺良好的方法，維持他們一天的活力。

一次只講一件事

留下多一點的時間讓他們發問，把你聽到他們的話再講一次，講的時候速度放慢，讓他們有時間去理解，請注視著他們。

主動聆聽

如果你聽不懂他們在講什麼，請禮貌地再問他們一次。保持平靜放鬆，並且專注。

進入他們的世界

走進他們的現實裡，而不是跟他們爭辯，或是企圖糾正他們錯誤的陳述。

培養耐心

允許他們用更多的時間來了解你所說的，如果你問一個問題，給他們充分的時間來回應。若是他們又重複問你問題，別讓沮喪不耐破壞了你的本意。

理解他們的時好時壞

如同你我一樣，失智症患者也會陰晴不定。

留意壓力的徵兆

徵兆可能包含四處觀看，坐立不安，起身離去，和嘟嘟囔囔。

鼓勵互動

問一些簡單正面，而且是尊重他們的問題，像是：「你需要的都在這裡了嗎？你還希望我跟你解釋些什麼？」

將工作分為幾個步驟

當他們需要開始某個工作時，帶著他們一步一步來。在過程中允許他們表達自己，注意他們是否有任何焦慮，讓他們盡量自在。

提醒他們

有必要的話，跟他們描述一遍剛才發生的事情，告訴他們現在發生的，和未來即將要發生的事情。請用簡單且清楚的語言。

保持眼神交流

在任何個人護理開始之前，特別重要的是要有眼神的接觸。

關注他們的疼痛

有些失智症患者無法充分地用口語來表達他們的疼痛和不舒服，但你可能會注意到他們表情痛苦，或是發出嘆息或呻吟的聲音。**請務必**即時的，正確的給予止痛藥，劑量和時間都必須正確，以防止突發性的疼痛。

使用非語言的動作

舉例來說，保持眼神接觸和笑容。這會讓老人放鬆，有助於彼此的理解。利用觸摸，姿勢，語調和指示來搭配你的言語——像是當你在講一件事情時，盡量拿一個相關的物品擺在他們面前。教他們簡單的項目時，只做不說，安靜示範，或可使用手語。

觀察

留意他們的情緒，呼吸和動作。仔細聽他們的用字和比喻，也許可以透露出他們真正想表達的意義。試著解讀他們的表情。

調適與修正

請確認在設計活動時，他們一定很容易成功達標，不會有失敗的狀況。這樣才能增加老年人的信心。

回應

請勿忽略老年人的評語或抱怨，如果你不能回答他們的問題，請找知道的人給答案。

使用圖卡

圖卡可以幫助那些無法溝通的患者。

鼓勵正向的社交活動

鼓勵親友帶照片來分享，對患者很重要的人物，地點，事件，和興趣，並附上說明和標記。生命故事可以提供很好的機會，讓每個人真正互相認識，才能吸引住他們，幫助我們計畫未來適合的活動。

回憶即是良藥

帶著老人時空旅行，回到他們快樂的時光，好讓他們暫時逃離痛苦和煩悶。

運用反映技巧

回應並表達他們的情緒給他們，你可以對著他們說：「我看見你生氣／難過／開心了。」他們會知道你關注他們，才能建立感情。

唱歌並善用音樂

即便是在失智症的晚期，一個人從事音樂活動的能力，尤其是節奏和歌唱的能力其實是完好無損的。當我們不知道該說什麼時，可以善用音樂來維繫關係。我經常去照護之家為他們歌唱，或跟親戚、員工和患者一起歌唱。有親人告訴我，當他們為自己的父母唱歌時，他們都感動得哭了，他們說：「那天我媽好像又回到我熟悉的模樣了。」這些時刻如此的重要，值得慢慢累積，好好收藏。

認可

不要輕忽他們的情緒。只要我們專注聆聽，那些痛苦的感受被傳達，接收和認可後，會漸漸地緩和下來。被忽略和壓抑的感受反而會日趨增強。如果你帶著同理心和尊重與他們互動，失智症患者會覺得被關心和支持。我強力推薦你去探索認可治療這個領域，閱讀《驗證法的突破》（*The Validation Breakthrough*）這本書，作者是那歐米．費兒，她在一九六〇和一九七〇年代發展這套療法，目的是為失智症患者提供同理的，全方位的治療。這種療法帶給失智者可能的改善有：展現出更能掌控社交活動；更多語言和非語言的溝通；自我價值感也隨之提高。

請記得

每個人都可以被靠近，我們只是需要發現對的路徑。用愛、毅力和敞開的心，一定可以到達對方的身邊。

理解和適應行為的改變

愛，依附，歸屬，舒適與認同，是人類基本需求，我們每個人都想望。如果這些需求沒有被滿足，我們的情緒和行為都會產生變化。

請記得

跟失智者互動其實倚賴的全是感覺。在早期，患者可能會意識到自己有點不對勁，然後開始不想接觸他人。然後失智老人可能會有段時間開始容易發脾氣和有攻擊傾向，並表現出不當行為。請試著找出行為背後的原因，是因為生病，悲傷，環境因素，疲倦，憂鬱還是被刺激呢？

針對挑戰性的行為變化，理解每一個老人的病史，背景，和興趣是很必要的。將這些知識跟照護者分享也是很重要的。

對於每一個患者，所有的家人和員工應該要同心協力，溝通和分享自己知道的部分給彼此。每個人都很清楚什麼會激怒患者，也盡可能地避免這些事情的發生。很重要的是要記住，失智症不只是腦中的功能實際的被改變了，而是一個人對於發生在整個人生里程中真實的，社會和心理的重大事件和變化，都失去反思的能力。讓我們試著理解為什麼我們會碰到這些行為問題，讓我們同理他們，並找出一些積極的做法和適應的策略。

適應時間和地點的混亂

老人可能會說出一些話語，顯示他們已經混淆不清了，例如：「我想要回家！」；「這不是我家房子！」；「我們什麼時候要走？」或是「我們為什麼在這裡？」想要回家，是住在照護之家的阿茲海默症或失智症患者最常見的反應。想要理解和同理他們，必須加入感情的元素。

很多時候，人們想要回到一個地方，在那兒他們比較能控制自己的生活。

——布列雅妮，照護者

「我們必須翻譯解讀他們的敘述和問題，像是「我要我媽。」；「我要回家。」；「我要坐的公車在哪裡？」「我姊去哪兒了？」我們給的回答可以讓他們開心，滿意，安慰，或是焦慮，生氣，和失落。

他們說的「媽咪」是什麼意思？意思是安慰，擁抱。媽媽總是可以搞定事情，可以幫你做好一切。當你是小孩的時候，你不愉快地跑出學校，媽媽能為你跟整個世界作戰。當沒有一件事情順利的時候，媽媽會想辦法扭轉局面。所以我們需要看著患者，來想想怎麼在他們的世界裡，幫他們解決問題。「我要回家」可能是因為肚子餓了，需要上廁所，或是他們對環境感到陌生。如果他們問「我姊去那兒了？」請你回答時提到姐姐的名字，「羅絲瑪利知道你在這兒，她安排你來這裡的」，他們可能又問「你認識羅絲瑪利？」你立刻跟他們有了共同的語言，他們也因而感覺「良好。」

——曼蒂．魯道克瑞普，十四行詩照護之家

請這麼做

- 保持耐心，讓他們安心。跟著他們「時光旅行」，在他們的世界裡跟他們正面相遇。試著理解他們的感受，別讓他們覺得自己「搞錯了」。
- 跟他們簡單的解釋，最好可以搭配照片和實體的物品。然而有時候，轉移他們的注意力比較好，建議他們去做別的事情，例如散散步，或吃點心。

如果他們問一些特別且困難的問題，試著找出一種溫柔的回應。例如：「我們什麼時候要走？」你可以回答：「我們晚一點才能走，因為……交通現在很糟／天氣預報說那邊天氣不好／今天晚上太晚了。」有時，療癒性的謊言（therapeutic lie）是必須的，因為那是在當下你能說的最仁慈的話語，說出事實可能會造成痛苦，混亂，或者讓他們失去安全感。

請不要這麼做

跟他們長篇大論的解釋或理論，盡量保持簡單。

我們以前有位患者，她總以為現在是一九九五年，而她自己是四十歲。她總是會煩惱她那時候養的四隻狗，經常焦慮不安，不知道鄰居是否忘了帶狗散步或餵狗，讓她緊張不已。我們有時候只好請其他同事假裝是她鄰居，打電話給她，告訴她狗已經照顧好了，請她放心，通常她就會慢慢平靜下來。我們甚至會留張紙條給她，上面簽了鄰居的名字，讓她知道狗狗在鄰居家都很好，一切沒問題。那張紙條的作用是提醒她，也是再三安慰她，不要害怕，因為她的短期記憶力幾乎完全喪失。

——蘇珊，照護之家經理

閱讀祕訣

《心滿意足的失智症》（*Contented Dementia*）作者為奧利佛．詹姆士（*Oliver James*），二〇〇九年由朱紅出版社（*Vermillion*）出版，這本書對於阿茲海默症早期特殊照護（*SPECAL*）有詳細的解釋。此方法教導我們如何用過去來理解現在。

被指控時如何調適

有時候你可能被患者錯誤的，沒理由的指控。舉例來說：「你偷了我的珠寶。」或是：「我手錶掉了，一定是你拿走了！」當患者在失智症早期階段，腦部開始退化的時候，這種狀況經常發生。

請這麼做

- 問他們上次看到那件物品是什麼時候，或是查查他們有沒有喜歡把東西藏在什麼特定地點，找找廢紙箱或垃圾桶。別讓自己看起來像是反過來控訴他們，或是懷疑他們的心智能力。因為老年人會感覺自己被人恥笑了，他們的焦慮感增強，對立也加劇了。

運用驗證療法。舉例來說，如果長者相信有人偷了她的結婚戒指，而實際上是她自己把東西藏了起來，你或許可以這麼回應：「你戒指不見了嗎？那戒指很漂亮，你結婚那天戴著它一定很美，你跟你先生怎麼認識的啊？」這樣可以轉移話題，把焦點放在愉快和美好的回憶上。

我把媽媽的戒指掛在我脖子的項鍊上，這樣她就不會一直擔心找不到戒指了。

——泰絲，照護者

請考慮

東西被偷的感覺可能反映了更深層的失落，或是老人家過往經驗曾造成的巨大苦痛，可能需要小心地解開謎題。

發生幻覺時如何適應

腦中的變化也會導致患者產生幻覺。如果發生的話，通常是在失智症的中期或後期。對失智症老人來說，一般是視覺上出現幻象，但也可能是聽到一些不真實的聲音，或是聞到什麼不存在的味道。

我正在看著牆上的照片時，照片裡的人突然跟我揮揮手，我嚇壞了。

——艾迪

我的幻覺會忽然來找我，我的諮商師教我要數地上的磁磚，或壁紙上的花朵，她說這種叫做分心治療。

——卡羅

我一直聞到燒焦的味道。

——伊蘭

請這麼做

- 平靜且溫柔的說話。
- 查看四周環境，打開燈讓房間亮起來，關掉任何可能誘發幻覺的事物，例如電視或收音機。

- 看看患者是否有發炎，缺水和神智不清的狀況。
- 檢查藥物是否有副作用。
- 注意一下可能只是聽覺和視覺退步了，這些都會造成錯亂，請安排檢查和評估。
- 嘗試分散注意力的方法。舉例來說，如果他們聽到一些不存在的聲音，請試著跟他們聊天。有人跟你講話的時候，你比較不會聽到別的聲音。
- 如果他們「看見」其他人，請坐下來面對他們，注視著他們，如果你可以的話。產生幻覺的時候，如果他們能夠清楚的看到你，那麼幻覺的影響就不會太巨大或嚴重。
- 請理解幻覺的確會帶給他們真實的感受，例如「聽起來真的很可怕，我可以了解你現在為什麼這麼不安了」。
- 肯定他們所說，因為他們覺得都是真的。事實上，若他們知道你不相信他們，他們會表現得更焦躁憤怒。運用驗證技巧，先跟長者說話，安慰他們，而不是指出他們錯了，舉例，若長者認為你是他五年前過世的妻子，而他想要帶你一起回家的時候，你可以這麼回答：「你一定很想念她，你也很想回家，你覺得回家後你最想做什麼？」
- 跟長者展開一段有意義的對話。重新敘述剛才的狀況，在回憶的時候，引導他們正面的看待這次的經驗。
- 請你記得將他們的幻覺記錄下來，例如，幻覺持續多久，裡面跟什麼有關，發生的時間是什麼，查看他們正在服用的藥物說明，如果有必要的話，可能得開立更有效的藥物，來抑制幻覺，提供這些訊息是很有用的。

請考慮

藝術和音樂治療，回憶和動物治療，都可以幫助老年人適應幻覺或精神激越。你可以上網查詢 www. unforgettable.org。

如何適應突然的怒氣爆發

中期或晚期的失智症或阿茲海默症患者，經常會有行為上的問題。他們感受到的悲傷，憤怒，恐懼，哀痛，混亂，和害怕，會導致他們在言語或行為上產生強勢的，甚至是暴力的傾向。尤其是對失智症患者，藥物一直被用在治療像是咆嘯，妄想，和瘋狂等症狀上。最近的研究證明建議，若太早使用強而有力的鎮靜藥劑，可能反而會有負面的副作用。我們應該先去了解，是否有些深藏在情緒暴走之下的問題，才能緩解並讓他們釋放出壓力的來源。

他們掛在嘴邊的「我要回家」，「我不要吃這個」，「我不要洗澡」，或是「我不要穿衣服」，都可能演變成暴力的行為。而攻擊性行為其實也許是來自於懼怕或焦慮。那些失智症患者，當他們感覺無助或不知所措的時候，可能會用咬人，打人，或踢東西來反應。

請這麼做

- 確定不要讓他們自己（或他人）發生危險。
- 記住言語或身體的攻擊情形，試著找出原因。他們身體不舒服，心情不好，還是兩者皆是？有些環境的因素，像是接觸陌生場合，溝通有困難，因此而沮喪洩氣嗎？
- 試著分散他們的注意力到別的事物上，跟他們說話時語氣保持平靜且穩重。然而，有時候一直用言語或試圖要他們冷靜反而會更激怒他們。
- 試試看用一些安靜的活動來轉移他們的精力，像是簡單的畫畫和手工藝，或是解開一團毛線球，給他一瓶有顏色的水，吃點東西，種種花等等。
- 考慮暫時離開現場，如果可以的話，給他們一些私密的空間。
- 使用驗證治療法，以及深層的諮商治療，可以幫助他們處理失落，悲痛和創傷事件。過去痛苦的經歷很容易浮上水面，而且可能常常不知道從哪裡冒出來，尤其是當老人穿梭於時空和記憶的時候。

請不要這麼做

- 跟他們爭論，或強迫他們面對造成自己狂暴的問題；
- 若非到最後關頭，請避免將他們強行壓制。

請注意

關於侵略攻擊行為，可能有各種來自過去與現在的原因。請不要將他們的行為當成是針對自己的問題。

停止攻擊行為，最好的做法是你不再對著他們一直講不行！

——彼得，照護者

如何預防跌倒的風險

當阿茲海默症進展到中期或末期階段時，肌肉的力量會下降，走路和平衡會產生問題。有時候跌倒是因為判斷的能力也退化了。

請注意有些藥物會增加跌倒的風險。（請上網www.verywell.com）

我不斷地要跟我先生解釋，沒有我在旁邊幫忙，他不應該自己從椅子上起身。他總是不聽，經常摔倒，可是你想想，他這輩子都走得好好的，他忘記自己已經不夠強壯或平穩了，真的滿感傷的。

——阿妮塔，照護者

請這麼做

- 查看他們是否哪裡疼痛或不舒服，請評估這個可能性，如果疼痛的確是問題所在，你可能要幫他們換個姿勢，或是吃點藥來緩解。請查詢www.verywell.com.
- 把鬆散的地毯或雜物移開。
- 考慮在樓梯的邊緣貼上色彩明亮的膠帶。
- 請裝上夜燈或一個自動感應變亮變暗的裝置，這樣可以指引方向，降低焦慮感。
- 請了解一下，他們即便感覺虛弱，還是想站起來的原因，可能是因為餓了或渴了。請提供他們足夠的水和食物，滿足他們的基本需求，也確認他們是否需要上洗手間。
- 想一想他們是否太無聊了，你照顧的人也許只是想找點事做做？可以跟他一起進行一些有意義的活動，請參閱**如何持續創造力並從事創意活動**的篇章。

- 探究看看寂寞是不是一個主要原因，有些已經不良於行的人還想到處走動，是因為他們覺得太孤單了。社會互動對所有的年齡層都很重要，就算得了失智症，這個需求仍然不會消失，請留意有沒有適當的機會，讓他們跟別人互動交流。
- 請注意你不只是可以降低他們跌倒的危險，你還可以增進他們整體的心情和生活品質。請參考 www.verywell.com。

（請至阿茲海默症研究基金會的費雪中心 *Fischer Center for Alzheimer's Research Foundation*，查看阿茲海默症患者跌倒和受傷的高風險相關訊息 www.alzinfo.org）

鼓勵親友參與

親友是維繫失智症患者與世界的繩索，也是兩邊的橋樑。所以請你鼓勵他們，幫助你理解，為什麼他們的親人會有這些行為或這樣的反應。親友可以提供你關於即將要入住者的歷史背景，給你一些重要線索，以方便日後你跟他們互動，並了解他們的需求。你要有足夠的知識，才能對他們覺得重要的事，保持敏感，例如他們的習慣，他們喜歡怎麼做事，和他們可能需要支援的地方。請親友考量生活的各種層面，並跟你分享想法，即便是小地方的調整，也能讓他們所愛的親人住進來後，感覺滿足。在搬遷至照護之家的過程中，親友可以分擔安撫情緒的工作，幫助長者更容易適應新環境。如果有專業的照護人員負責照顧你親人，請跟他分享越多資訊越好。你可以準備像下面的這份清單。

想了解他們的背景，以及他們生命中重要的里程碑，請詢問：

- 他們喜歡別人怎麼稱呼他（名字，先生，博士，小姐）；
- 他們最喜歡的飲料和食物；
- 衣服的選擇；
- 喜愛的床單和睡前慣例；
- 洗澡的習慣；
- 重視外表的程度；
- 喜歡或不喜歡什麼陪伴（男性，女性，寵物，小孩）；
- 不同方面的能力；
- 喜歡還是不喜歡被「觸摸」；
- 家人和朋友的名字，家庭結構，寵物名字；
- 過去的職業（工作上重要的經驗，獎項等）；
- 生命中重大事件（孩子出生，親人死亡，結婚）；

- 重要的價值觀，包括文化，兩性與宗教；
- 社會背景；
- 重要或特別的地點；
- 教育程度，喜歡的科目；
- 技能和天賦；
- 害怕和焦慮的事物；
- 喜歡和不喜歡的東西。

請考慮

想要維持每一個長者的獨特性，了解他們的生命歷程是很有必要的。尤其對失智症患者而言，照片，物品和裝飾品是重要的視覺和觸覺上的提醒，代表著他們的回憶和成就。這些「記憶小幫手」可以協助他們回想，喚起他們獨一無二的感覺。鼓勵被你照顧的人擺放和使用這些紀念品，有需要的話請親友一起幫忙。

（請參考《你看見什麼？》）

理解並準備迎接感官上的挑戰

失智症患者在感官上會開始變化，然而，身為照護者的你，可以讓他們意識到這些感官上的挑戰，幫助他們接受事實並適應改變，即便困難重重，仍可以活得積極健康。想做到這點，你必須了解他們正在經歷的感受，下面將提供給你一些未來的行動建議。

視覺的挑戰

在某些情況，被你照顧的失智症患者即便有完美的二・〇視力，看東西仍然會有困難，因為他們的腦可能無法正確地詮釋訊息。

> 我不知道當我被診斷出認知上有問題時，我的感官也會接著受到影響。所以當我的感官出現挑戰的時候，我以為跟失智症沒有什麼關聯。
>
> ——彼得

> 在店門口他們常會放一張黑色的地墊，我看起來就像一個黑洞，所以我得憑著我的感覺和一點勇氣，去真的踏在上面。
>
> ——彤米

從店裡走出來，我發現自己會自動跳開（當我看見玻璃門上的人的映像）就好像真的有一個人在那裡，而我想要避開他一樣……這樣還滿恐怖的。

——艾倫

買東西現在對我來說好像是一場惡夢，因為我會看到雙重影像和鬼影，對我來說感官上的刺激太多，實在受不了。

——安吉斯

幫助視覺障礙者的訣竅

- 確認長者有一副乾淨且正確的眼鏡。
- 確認房間光亮，光線充足（以減低陰影）。
- 鼓勵使用有聲書。
- 考慮使用一種有顏色的透明濾紙，放在文字上方，幫助他們閱讀。
- 考慮給他們一個折疊式的白色小棍棒，如果他們願意的話，幫助他們協調視覺和知覺，也提示他人，注意這位有視覺障礙的人。
- 鼓勵他們去看驗光師和視覺矯正師，可以解決他們雙重影像的問題。醫師們也需確切知道他們罹患的是那一種失智症。

- 試著尋求其他機構的幫助，像是皇家全國盲人機構（RNIB）的地方人員，或是國民保健署（NHS）聯盟的健康專業人員。
- 保持耐心並讓老人慢慢面對這些障礙。

失智症患者對於噪音與特定聲調超級敏感，對吵雜環境和資訊也容易感覺過量而無法承受，這些都是很確切的問題。

> 在醫院急診病房裡的噪音對失智症者而言是很特別的問題，它會增加病人的焦慮，憤怒，和壓力，也很有可能影響他們的食慾，睡眠模式，和疼痛意識。
>
> ——典範移轉（Shifting the Paradigm）
> 國民保健署拉納克郡指導原則（NHS Lanarkshire guidelines）

> 我不能忍受大聲的噪音，這對我的生活有很大的影響。
>
> ——海兒登

> 任何大的噪音都讓我想去撞牆。
>
> ——喬伊

在店裡我受不了音樂……我發現自己會非常生氣……這簡直是折磨。

——彼得

在吵雜的環境裡我無法思考……我的腦子停擺了。

——安吉斯

幫助聽覺障礙者的訣竅

- 給長者時間來聽懂你要說的事情，讓每個人慢慢消化訊息，並且思考回答。
- 運用回應聆聽技巧，重複他們剛說過的話給他們聽。
- 降低突然且無預警的噪音，也不要有太多的感官刺激，會造成他們的混亂。
- 若有必要，建議戴上耳塞，這樣可以安全地避開噪音。
- 確認助聽器是正確的開著。
- 說話時跟他們要有眼神的接觸，使用簡短且清楚的句子。

觸覺，味覺和嗅覺

失智症患者的觸覺，味覺和嗅覺也會產生變化，他們經常不能分辨熱或冷，口味改變也影響到胃口和吃東西的習慣。嗅覺可能變得異常和過強，或是有些人會漸漸失去嗅覺。

觸覺

我總是感覺冷。
——麗仕

我越來越喜歡跟人親近，還會擁抱別人……以前我不是這樣的。
——溫蒂

我把熱水倒到我的手上，而不是杯子裡，我竟然不覺得燙。
——羅斯

祕訣

裝一個特別的水龍頭，可以調整溫度。

味覺

煮飯的時候我什麼都聞不到……我靠的是想像力。

——妮娜

我的口味改變了……以前從不喜歡咖啡，現在瘋狂地愛上它。

——麗仕

我以前愛吃糖，現在不喜歡了……我也不怎麼喜歡鹽，以前酷愛喝一大杯啤酒，現在也不愛了。

——彼得

現在所有的食物都索然無味，所以你會不太想吃東西。

——阿爾齊

祕訣

把同樣分量的食物放在大一點的盤子上，看起來就不會太多，也可以把食物做一份一份的開胃小菜。

嗅覺

我有時候覺得餓，但食物聞起來或吃起來就是不對勁。我不知道是不是食物壞了，所以我就吃巧克力。我會全身上下聞自己的味道，因為我覺得自己臭臭的……我就用很多的香水。

——安吉斯

祕訣

把食物包裝上的日期給他們看，跟他們保證食物是沒問題的，你自己也嚐一下。現在有些設計得很好的工具，剝奪你的感官能力，讓照護者體驗看看，當部分感官損壞時是什麼感覺，可以增加我們的同理心和理解。

（經過特別允許，改寫自安吉斯·休士頓〔Agnes Houston〕的手冊，《失智症感官上的挑戰》〔*Dementia Sensory Challenges*〕）

失智症夜晚的照護

對失智症患者來說，睡眠干擾的影響是很巨大的，很悲哀的是，他們死亡的風險和對藥物的需求也因此增加。他們容易在白天睡覺，但因為錯過了吃喝進食的時間，結果導致營養不足。

黃昏症候群（Sundowners syndrome）可能會發生在他們身上。這個症狀指的是老人容易在傍晚以後，表現得特別混亂，無目的的行走，發怒，幻覺增強，以及茫然迷失。身為照顧者，你可能會覺得很不安且挫敗，所以你需要保持耐心，遵循夜晚照護的訣竅，好讓你度過這些偶發事件。

黃昏症候群的照護祕訣

以下的點子不一定對每個人有效；經過你的實驗，你會找到比較適合你的方針。

- 對每一個老人制定個別的照護計畫，這樣才能把每個人晚上的需求，有效地傳達給其他照護者知道。
- 在清晨的時候，讓老年人接觸到光，可以幫助他們設定自己內在的時鐘。
- 盡量避免白天睡太多，才能調整他們的睡眠循環。
- 鼓勵他們白天運動，消耗多餘的精力。
- 限制咖啡因的攝取，尤其是在下午。
- 當你感覺他們快要發脾氣了，試著按摩他們的手部五分鐘，或者只是握著他們的手幾分鐘。

- 放些音樂或是海浪的聲音，鳥叫聲都能讓人放鬆平靜。
- 跟寵物玩玩也可以讓怒氣消散。
- 在床邊擺個便桶是很有用的，因為夜晚從房間走去廁所會讓老年人很難再入睡。臥室裡維持適當的溫度；過熱過冷都會打斷睡眠，或是造成老年人輾轉難眠。
- 盡可能的把夜晚的噪音減到最低，警報器，呼叫器和員工講話的聲音，對老人家來說都是難以忍受的。
- 設置一種行動感應照明，當老人離開的時候，燈光會自動變暗或關閉。

（改編自阿茲海默協會網站）

照護者在夜晚如何兼顧自己的需求

親友們常替長者煩惱睡眠的問題和夜間的照護，可是他們卻很少跟照護中心晚上的工作人員碰面。可以考慮把晚班人員的照片擺出來，一方面讓親友跟照護人員有所連結，一方面也讓老人家認識你。很不幸的是夜班人員常常覺得自己被忽略了，缺乏支援和訓練，請你主動參與，跟你的主管經理談一談，確定你也受邀參加員工，病人和家屬會議，你的聲音要被聽見，因為如果你是夜班人員，你負責的是他們最脆弱的時段，你扮演的角色是非常重要的。

照顧好你自己也是很要緊的，做為一個夜間照護者會影響你整體的舒適感，你的家庭生活也被衝擊，長期睡眠不足會壓迫你的免疫系統，讓你更容易受病毒侵害。

遵循以下的建議和提示，可以幫助你調整身心和保持健康。

- 在白天好好安排時間睡覺，請朋友和家人幫忙，讓自己得到充分的睡眠。
- 定時吃飯，吃得健康。
- 多喝水，限制咖啡因。
- 穿著寬鬆舒適的衣服和鞋子。
- 定期健康檢查。
- 做些緩和的運動。
- 白天盡量曬曬太陽。
- 你可能會有注意力不集中的問題，所以開車的時候要特別小心。

（來自網站 www.myhomelife.org.uk）

也請參考如何照顧自己，預防職業倦怠的章節。

失智者的尊嚴

在我的《照護的核心》書中曾指出，如何在照顧失智症患者的過程中，保留他們的尊嚴，是一個很複雜的問題。當失智者無法滿足自己的基本需求時，專業和道德上的矛盾油然而生。研究顯示，即便是對那些再也不能做出正確決定的人而言，如何在尊重個人自由意志，與違反道德責任，代替他們做正確決定的兩者之間取得平衡，是非常重要的議題。

失智症專家大衛．謝爾德（David Sheard）提醒我們，要有尊嚴和選擇權，代表著我們必須專注在老人的當下，而不是老人的過去。實際上的意思是，我們支援的這個人，是在不同的現實裡；這個人可能在衣服穿著，食物選擇，嗜好興趣，尋找新朋友等方面都跟過去的他不一樣。

如果我們要真正的以人為本，那就不能強加過去的習慣，或是我們的邏輯在他們身上。若家屬認為，他們的責任是要維持患者過去的意願時，那就會強烈反對以人為本的照護原則。因此，我們需要有技巧的協調與溝通，才能和家人合作無間。想要達成定義清楚的共識時，親人的投入是很有必要的。家屬需要被溫柔的支持與理解。如果他們覺得有人可以站在他們的角度時，他們比較容易能跟你一起照顧失智症的親人。

請記得

感謝你自己，感謝你給予老人家的照護和支持。很多時候，被你照顧的人可能看起來沒什反應，甚至還不領情，那是因為他們得了失智症。我代表他們，從心底感謝你。當你覺得不被重視的時候，請讀以下的詩句。

感恩

我也許年邁，
我也許緩慢，
但有你陪著我，
我們繼續走，
當我不太會說話，
或者不再能走路，
你仍然，
向我伸出援手，
你的耐心與關愛，

對我何其重要，
我在心裡跟你說聲謝謝，
雖然我已詞不達意，
你善良溫柔的舉動，
再再提醒了我，
我，並不孤單。

——亞曼達·衛爾寧

第三章

如何進行個人護理與日常生活

未來的醫生，將不再給予藥物，而是把病人放在人的框架裡照顧，關注他的飲食，疾病的原因和預防。

——湯姆士・愛迪生（Thomas Eddison）

有一天當我詢問照護工作者，他們覺得在照顧自己這部分，最困難的地方是什麼時，他們異口同聲的回答，是對個人護理的懼怕，在照顧患者上廁所，洗澡等時候，照護者需要幫手。沒有任何的患者喜歡在另一個人前暴露私處，感覺無助或全身裸露，如果你自己哪天也需要這樣的照顧，你的感覺會如何？你會覺得很難堪，或者如果你需要陌生人來幫你洗澡時，你的羞澀感也消失殆盡了吧？運用你自己的感受，來激勵自己，在進行親密的照護時，多一點溫柔的，有尊嚴的，心思敏感的互動。

別害怕問問老人家，你有什麼地方還可以做得更好的，幫助他們維持自尊，並對你產生信任。從他們的角度看事情，會讓你跟他們之間建立親密關係，他們的回饋是很有價值的，幫助他們感覺自己也是過程的一部分，而不只是一個需要「被處理」的身體。

個人護理

在這種時刻，你的溝通需要反映，你了解老人家在被親密照護時的感受。他們可能會害怕失去個人隱私和獨立自主。請你盡可能的給予他們私密的空間，保有他們完整的尊嚴。舉例來說，如果老人可以自己走去上廁所，那就從旁協助走到門口，然後離開，可能的話，直到老人呼叫幫忙時才進去。

請這麼做

- 當提供個人護理時，請將環境保持乾淨衛生；
- 幫老人保密，把結腸造口袋藏起來，或是放在櫃子裡不讓別人看到；
- 對臭味的反應保持敏感，不要表現得讓老人家覺得羞恥；
- 檢查是否有足夠的衛生紙；
- 尊重隱私，裝一個屏幕會增加一點隱私權；
- 立即回應，並對任何清潔的需求維持敏感度；
- 確認貼身衣褲是潔淨乾爽的；
- 經常洗手。

請不要這麼做

- 把老人留在便盆或馬桶上太久；
- 讓廁所的門半開著，這樣會讓老人被他人看到，喪失尊嚴，除非有絕對的必要，像是空間問題和你自己實際的需求；
- 給患者穿背後敞開的睡衣；
- 讓患者穿大小不適合的內衣褲；

- 讓長者穿著尿片而不給他們再穿上一件內褲；
- 穿著大小不對的尿片；
- 扶長者起身時沒有幫他們遮蔽一下。

個人護理檢查清單

即時

需要協助上廁所的老人，應該得到立即且適當的幫助，當然也要提供安全的設備。

設備

幫助老人使用廁所的基本配備要隨時準備好，使用時以尊重老人為原則，並避免不必要的曝露。

清潔

所有的廁所，馬桶和便盆都要保持清潔，老人在離開廁所之前，身體必須是乾淨的，也應洗好雙手。

尊重的言詞

跟老人討論的時候要保持尊重並有禮貌，尤其是發生失禁的狀況時。

（取材自《關上門後》〔*Behind Closed Doors*〕，英國老年人協會的指導原則）

使用便盆

便盆的形式有很多種，每個人可能都要試試不同的設計，來找出最舒服的一種。想讓一個人使用便盆，先有禮貌的請他們躺下，膝蓋彎曲，你才能把便盆放在他們的屁股底下，老人家也可以側身轉向一邊，你把便盆靠向他們的屁股，再請他們翻身躺好。

請這麼做

- 事先準備好你需要的東西——手套，清潔乾淨的便盆，附上蓋子，床的保潔套，洗衣袋，衛生紙，毛巾，洗潔布，垃圾袋。
- 洗淨雙手並給予他們私密空間。
- 戴上手套，鋪好保潔套，將便盆放在他們的屁股下，請注意便盆要緊緊地靠著他們的臀部。

- 結束後請拿掉手套，洗淨雙手。
- 當他們使用便盆後，確認所有沾濕的皮膚都要擦乾淨並保持乾燥，如果沒做到這點，濕濕的皮膚會加速褥瘡以及壓瘡的發展。
- 請記得定期用熱水和肥皂清洗便盆，每次清空內容物時都要徹底的沖洗。

給照護者的訣竅

我發現把痱子粉撒在便盆座上，可以幫助老年人的皮膚不至於黏在座墊上。

——黛安娜，照護者

我保持便盆無臭無味的方法是，用冷水和蘇打粉沖洗。

——繆，照護者

私密處護理

私密處護理指的是清潔外生殖器，周圍皮膚，以及屁股部分。私密處護理通常是在洗澡的時候進行，然而對於失禁和帶著導尿管的老人，你得要更經常的清潔護理，以保持他們皮膚健康，不被感染。

請這麼做

- 保護老年人的隱私，當進行私密處護理時，盡量幫他們蓋著，也讓他們覺得溫暖。
- 戴上手套，因為你的手會接觸到他們的體液，這樣可以保護你們彼此。
- 調高或降低床的高度，讓你在工作時感覺是舒適的。
- 請老人家膝蓋彎起，雙腳微微張開，除非有其他無法做到的原因。
- 蓋一條毛巾在上面。
- 從後往前清洗私密處。
- 用不同的毛巾清洗不同的部分，或是如果毛巾髒了的話，換一條新的毛巾。
- 清潔並徹底沖洗乾淨後，輕輕擦乾，以免刺激皮膚。
- 如果老人家還可以自我控制，完成私密處護理後，擦上一層防護霜。

請考慮

對老人家而言，他們一開始可能很害怕個人和私密處護理，也感覺好像被侵犯。當你開始進行個人護理時，可考慮放首他們喜歡的音樂，幫助他們放鬆。

請記得

請向他們解釋你必須戴上手套的原因，例如，「是因為我不想把我身上的細菌帶給你。」如果你不解釋你需要戴手套的原因，老人家會覺得他們是碰不得的，是骯髒的，所以你才不想碰觸他們。請記得老年人其實很難得到人與人之間肌膚的接觸，即便只是一點點真實的撫摸和觸碰，他們都會覺得安慰。

洗澡

幫另一個人洗澡是極度親密的行為，也是照護工作裡很私人的一個部分。善體人意和溫柔互動是很有必要的，我們應清楚的聚焦在被照護者，尊重他們的喜好，以及他們舒適的程度。如果洗澡的流程處理得當，應該會是一段放鬆且舒服的時間。所有的煩惱，彷彿也被洗滌而淨了。

請這麼做

- 考慮在浴室內裝設一個高度不高的屏幕，如果你必須待在浴室內（因為害怕跌倒的風險等），你可以坐在屏幕後面，讓老人家保有一些隱私和日常習慣。

- 考慮他們害羞的感覺，給他們多幾條毛巾來包覆自己，大一點的毛巾和浴缸裡多一點的泡泡可以讓他們比較不害羞。
- 可以問問他們是否想穿上泳衣泡澡，如果他們可以自己清洗私密處的話。
- 詢問老人家是否想要說話聊天，還是想要安靜。或是來點音樂，聽聽大自然的錄音。
- 觸摸老人家前須徵得他們的同意。
- 先了解他們可以獨立清洗自己的程度，如果你為了趕時間，所有的都幫他們做，等於剝奪了他們的尊嚴和自主權。
- 使用他們喜愛的沐浴用品，或一條柔軟的毛巾，一些蠟燭，或洗泡泡浴。若使用精油，要小心容易造成滑倒的問題。
- 用手肘測試水溫，詢問老人洗澡水的深度和溫度是否合宜，若有必要，調整水的溫度。
- 確認毛巾是加溫的且柔軟的。
- 確認你已經把浴缸或淋浴間附近地板上多餘的水分擦乾，這樣才能預防跌倒。
- 只要有他們的允許，請考慮把這段私密時間，當成是一段在溫水中輕柔運動和伸展他們疼痛僵硬關節的時間。

幫助失智老人洗澡

往後退一步，移動到失智者的世界，我們就比較不會讓他們感覺失能或害怕。起點就是要了解失智症如何影響他們，學習在感官和直覺的層次上和他們溝通，不是為他們做什麼，而是和他們同在。照護指的是能夠和被照護者產生連結，讓他們感覺是完整的人。我們需要先花時間來和他們交流，在照護開始之前，幫他們感覺有自信，也對我們有信心。我們不能催促失智症患者，他們思考和接收訊息的速度已經變慢了，這點是我們要銘記在心的。了解之後，我們才能考慮如何幫助他們日常的各種活動。

——珍．慕林斯（Jane Mullins），失智症護理師顧問

當要準備沐浴或淋浴，若失智症患者有拒絕洗澡的傾向時，經常是因為一個更深層的理由，而非「只是不想洗」。我們需要很細微的從他們的角度來理解。老人如果站得不穩，或是走進走出浴缸有困難，他們可能會害怕摔跤或滑倒。或許他們忘記最近幾天沒有沐浴或淋浴了，稀哩嘩啦的水聲，或是水打在皮膚上的感覺，水的蒸氣，以及浴室的回聲，再再都可能造成感官負荷過重的問題。他們或許覺得整個過程很累人，或是太麻煩，還有，比起其他人，他們也許特別怕冷。失智症老人也可能不懂得把洗澡跟洗滌，或洗乾淨這件事連結在一起，他們

或許也不明白或認得水的感覺。他們可能關節疼痛，或者感覺到其他不會表達的疼痛，而這些痛都一直未能被好好的處理。他們也可能感覺隱私權被侵犯了，覺得自己很脆弱，很不確定發生了什麼事，這是一種莫大的恐懼和煩憂。

試著理解他們的焦慮，確認你是注意小節又具有同理心的，你才能讓失智症患者覺得洗澡這件事是個愉快的，放鬆的，又有療癒性的經驗。

請記得

- 不要催促他們，洗澡應該是盡量放鬆的。
- 從他們或親友方面了解，關於洗澡這件事，他們是否有任何的偏好，習慣或焦慮。把他們一輩子以來的習慣納入你的考量，可以讓洗澡成為更個人化的經驗。
- 將浴室保持舒適溫暖。
- 沐浴前把所有的用品準備齊全。
- 先讓老人聽聽流水的聲音。
- 尊重個人隱私。
- 當有需要時，盡量將老人遮蔽包覆好。

- 考慮裝上一個水溫限制器以防止燙傷，務必檢查水溫是否舒適宜人。
- 柔美的音樂可以幫助放鬆。
- 運用良好的溝通，先自我介紹，徵求他們的同意，仔細解釋流程，使用簡短的句子，強調幾個重點，有必要的話，可以示範給他們看。使用身體語言和動作，聲音語調和緩，配合你想要說的內容，需要的話應重複幾次。
- 永遠要解釋接下來的動作，使用簡單且有禮貌的語言。
- 跟他們聊聊天，回想過去的事情，讓他們覺得樂在其中。
- 給他們的協助是適合他們能力範圍的，舉例來說，對失智症的老人而言，認得一個物品並想起它的功能可能是困難的，你可以開始玩一個活動，像是用毛巾示範你自己洗澡的動作，以喚起他們的回憶。
- 確認備有幾條暖熱的毛巾可以在洗澡後包覆他們。
- 戴上塑膠手套，萬一你有可能接觸到他們的體液或排泄物的話。
- 在照護計畫裡記錄下來有效的方法。

（部分要點來自《你看見什麼？》）

來自照護者的叮嚀

許多男性會抗拒刮鬍子，因為他們沒意識到自己需要刮鬍子了，有個辦法可以讓他們不再抗拒，那就是用「傳統方法」來幫他們修剃，先用刮鬍膏，而且用完刮鬍乳液後還要抹點歐仕派（Old Spice）體香膏。

——合十照護中心（Namaste Care）

一個拒絕洗澡的人，可能會跟著你走到浴室，如果你開始唱歌的話，他們甚至還會和你一起唱了起來。

——大衛，照護者

答應他們結束後會有好東西獎賞，像是好吃的點心，對我來說挺有效的。

——蘇菲，照護者

床上擦浴

如果你所照顧的人，已經無法坐浴或淋浴，那麼在床上進行擦浴可能是比較合適的選擇。

床上擦浴前要事先準備好一大盆溫熱的水。

請這麼做

- 測試水溫，確認不會過燙；
- 準備兩盆水，一盆放點溫和的肥皂水，一盆是清水，以用來沖洗；
- 把毛巾，肥皂和任何會用到的乳液放在老人的床邊，並準備梳子和刷子；
- 使用泡棉或洗潔布，一次洗身體的一部分，其他部分要用溫暖的床單，或是大毛巾覆蓋好；
- 把老人更換的衣物準備好放在旁邊；
- 確認室溫是舒適的。

使用升降器材

在照護老人時若需使用升降器材，請確認你已經受過特別的實際操作訓練。滿足他們移動的需求，是我們很重要的項目之一，要確認他們是舒服的，把不適和痛楚降到最低，同時也要鼓勵他們獨立，保持自我感覺良好。試著溝通並對他們個人的需求，願望和喜好，具備同理心，才能讓整體的經驗完善。但是我們也要注意，被照護的人對我們的溝通能理解多少。

當使用升降器材，吊帶和其他輔助移動設備時，我們要考慮被移動者的人格特質，身體狀況和他們過去的經驗。

請這麼做

- 查看他們臉上是否流露痛苦的表情；
- 確認吊帶的大小是適合的，穿戴也必須正確；
- 一般來說應至少有兩位員工協力進行；
- 注意每個人的需求；
- 唱首歌，用手勢表達，行動勝於語言；
- 仔細溝通，他們可能很害怕；
- 握著他們的手，讓他們心安。

請不要這麼做

- 把他們放在吊帶上進行護理；
- 讓欠缺核心肌群能力的人使用便盆式吊帶；
- 讓失智症患者，雙手不能握住東西，或雙腿無法承受重量的人（例如中風的人）使用站立式吊帶；
- 一邊移動他們一邊試圖說服他們；
- 移動一個人超過六尺的距離。

當我試著讓她轉身，我才能把吊帶放在她的身體下方時，這位早發性失智症患者會大吼，罵髒話，尖叫，還用指甲掐著那些試著要幫她的照護者，當她從病床上被拉高，往下看的時候，她一定覺得離地板非常的遙遠，她說「別讓我再從樓梯上摔下來了」。有時候我們的腦子會做些可笑的判斷，只是要保護我們不受傷害，它會守住一些記憶，在任何時刻都有可能忽然如潮水般湧上心頭，讓我們害怕，或防止我們掉落和受傷。

——曼蒂．魯道克瑞普照護者
十四行詩照護之家

刷牙

相信你記得，當有人要你張開嘴巴時，你會覺得很不安。如果我現在請你張著嘴巴二十分鐘，你會舒服嗎？你是不是覺得好像把自己暴露在危險中？現在再想像，你必須這麼做，而且有個陌生人就在你身邊，你會不會很焦慮，擔心自己可能有口臭呢？一個老年人會感受到這一切，甚至還更複雜。他們拒絕讓別人幫忙刷牙，也許因為以前被人幫助的時候，他們覺得噁心想吐。或是以前的照護者太過匆忙，忘了先讓牙刷沾濕後再上牙膏，因此乾硬的刷毛刺激了他們的敏感牙齦。

試著釐清他們焦慮的來源，找出方法安慰他們，並舒緩他們的情緒。如果他們有失智症，他們的味蕾可能已經變了，不喜歡牙膏的味道，所以也許試試茴香或金盞花的口味。他們會需要你一步一步的完成每個動作，請保持耐心，說明清晰。

祕訣

- 想一想如何刷，在哪裡幫他們刷會比較容易進行。
- 刷牙不一定要站在洗臉台前面才行，也可以輕鬆的坐在桌前，準備好一條毛巾，一個碗和一杯水。
- 保持簡單和舒適，先說明，示範，然後再進行，給他們時間來了解過程。
- 請記得一些老人可能不再喜愛傳統的牙膏口味，對一些吞嚥有困難的人來說更是一種討厭的味道，所以試試看茴香或金盞花。
- 使用刷毛柔軟而且好握住的牙刷。考慮選擇兒童牙刷，電動牙刷（通常握柄較大，可能比較容易使用），或者改造一支傳統牙刷（依照每個人握住牙刷的能力），例如用一條小洗臉巾包住牙刷的柄。
- 一旦牙刷舊了要立即更換。
- 如果他們坐著輪椅，幫他們刷牙時站在他們身後可能比較容易點。

- 當他們無法在洗臉台前，或是鏡子前刷牙，若你能跟他們坐著面對面，也許比較舒服，你也能看見老人的嘴巴。
- 記得沿著牙齦線輕輕地刷。
- 經常要檢查牙齒間的細縫和臉頰內側，食物可能塞在裡面，可以考慮戴上一個指套或用一根棉花棒輕柔的擦淨口腔。
- 刷牙前將老人的局部假牙拿下來。

假牙護理

假牙配戴得不好，會造成老人家很多健康問題，導致他們必須調整他們的進食，讓咀嚼容易一點，至少不那麼痛苦。他們可能會避開堅硬，粗糙或口感清脆的健康食品，轉而喜歡容易消化的點心和湯品。他們也可能不再吃任何身體所需的營養食物，結果讓自己營養不良。

請這麼做

- 定期檢查假牙，看看是否有裂縫。
- 請注意當老人說話或吃東西的時候，假牙不應該卡嗒作響，若發出聲響，就應該送修。

- 檢查老人的口腔或牙齦是否有任何發炎，或是嘴巴痠痛的跡象，都是因為假牙沒配戴好而不斷摩擦的結果。不合適的假牙會讓牙齦流血，或是痠痛不堪。當他們覺得痛苦難忍的時候，就會停止進食，或不戴假牙。
- 記得每天一定要清潔假牙，用軟毛牙刷清除所有的附著物和食物殘留。
- 戴上假牙前，先輕刷牙齦，舌頭和上顎，讓整個口腔保持乾淨，也避免感染。
- 如果需要，使用少量的假牙黏合劑，每天也要徹底清除黏合劑。
- 若假牙掉在洗臉台或地上，用毛巾擦拭乾淨，以防止斷裂。
- 將假牙存放在裝了水的假牙盒子裡，以保持濕潤，且預防假牙過於乾燥或變形。

請不要這麼做

- 使用一般的牙膏或漂白水，兩者都會磨損假牙，還會造成變色，務必選擇假牙專用清潔劑，如果沒有的話，用溫和的清潔液沖洗也可以。選用超音波清潔器會很有幫助。
- 使用熱水來清潔假牙，會讓它彎曲變歪。

（取材自國家牙科醫學與顱面研究機構〔National Institute of Dental and Craniofacial Research,www.nidcr.nic.gov〕以及來自肌肉營養不良症協會〔Muscular Dystrophy Association,www.alsn.mda.org〕的刷牙技巧建議）

外表好看心情也好

別忘了問問老人家，他們想不想畫點妝，梳梳頭，或是做個指甲。也詢問男性希望怎麼打理自己。男性可能需要修容，女性可能需要去除腿毛或腋毛。問的時候要保持敏感，他們的需求和喜好可能每天都不一樣。你可能以為，一個臨終之人或是病人，不會想要關注這些事情，但相反的，這時候他們可能想要藉由改善外表讓自己心情變好一點。

事實上，如果他們看起來跟以往自己的標準相差太多，他們很有可能拒絕別人探訪。所以我們要滿足他們想要好看的渴望，幫他們與外界保持連結。

幫失智症者穿衣

請記得職能治療師可以額外提供我們每日照料的寶貴建議。當某人得了失智症，請不要給他們過多的物件和選項，這樣只會更加造成他們的混亂，讓他們感覺難以承受。可能的話，把鈕釦換成魔鬼氈，並把服裝依照穿衣順序一一擺出來，使用標籤，圖片，並把衣服搭配好，讓選擇變簡單。

輔助進食

照護者跟老人家一起吃飯，可以是一段滋養心靈，增進交流的時光。然而，幫助另一個人吃飯，需要小心謹慎，敏感細膩，以確保你不會剝奪了老人的自我信念和尊嚴。當人們老化，或是隨著病情進展到不同階段時，他們的胃口和吃東西的經驗感受也會改變。身為照護者，很重要的是能體認和支持這些變化，而且仍然記得，吃飯時間應該是要很愉快的。

你可以問問老人家，吃飯時讓他們特別開心的是什麼，或是分享自己最喜歡的食譜。你也許試著找出，食物帶給他們的特別記憶，例如，聖誕節，特殊宗教節日，生日，或是自己種植蔬菜的回憶。他們可能喜歡來自其他國家，主題式的餐點。不同地區的音樂和文化，可以提供對話聊天的靈感。發揮你的創意，讓吃飯時間充滿活力，也可以鼓勵老人一起準備食物，無論是幫忙一件多麼小的事，都可以讓他們覺得自己有價值，有所貢獻。

工作人員和患者一起用餐，能讓照護中心產生家的感覺，讓大家輕鬆地認識彼此，請把握這些難得的機會。

增進食慾的訣竅

- 當他們胃口不佳時，可以考慮把食物放在大一點的盤子上，這樣食物的分量看起來就會小得多。

- 用餐一小時前，準備一些開胃小菜，或是可口小點心，也可以增加他們的食慾。
- 對那些覺得吃東西很麻煩，咀嚼或品嚐有困難，或是可能有憂鬱或生病傾向的人來說，讓食物看起來美觀是很重要的，他們需要吃營養且誘人的食物，分量適中，擺盤也得漂亮。
- 如果老人家只能吃糊狀的東西，可以把食物倒在一個模子裡，而不是一團看起來稀哩呼嚕的爛泥，糊狀的東西也可以做成像真的食物模型。

我發現目前很難區分什麼才是真正現煮的英式早餐，那些做好的食物泥模型實在滿好吃的，患者現在很喜歡這種新的上菜方式，吃的時候也津津有味。

——慕琳，照護者

讓吃飯進食更有尊嚴的檢查清單

試著找出方法，讓你能幫助他們，盡量自己吃飯，或是吃得舒服一點。

- 使用器材——若他們的關節疼痛或有關節炎，可能需要器材輔助。想延續他們的獨立自主，你需要有特殊的設備，防滑的地墊，握柄大一點的餐具，好讓他們能掌握，盤子要有盤緣／防護以方便只能用一隻手的老人。

- 觀察——評估他們的需要，再口頭詢問老人是否還想要其他的協助，以免剝奪他們的尊嚴，或讓他們感覺失能。
- 鼓勵——輕聲細語的說服，而不是強迫。
- 提供選擇——但記得一次不要給予超過兩種以上的選項，除非你有一些視覺的輔助提醒。孱弱的老人很可能只記得你一開始講的和最後講的事情。
- 培養獨立的能力——舉例來說，讓老人家自己塗果醬在麵包上，或自己放糖在咖啡裡然後攪拌，如果可以的話，不要擅自幫忙他們。
- 注意食物呈現的方式——如果必須吃食物泥，考慮放進模子裡，讓食物看起來比較吸引人，把東西放在大一點的盤子上，讓食物感覺分量小一點，才不會讓老人反感。
- 請確認不要使用小孩子的圍兜，布面的保護套或大張的餐巾紙看起來會較有尊嚴。
- 給予完全的關注——把手機維持靜音，不讓自己分心，保持投入，表示興趣。
- 確認他們的感受——感覺真的很重要，有同理心的聆聽和對話，是他們最需要的。
- 給他們提示——若老人已有記憶的問題，記得每一個動作都要提醒他們，非到必要，別幫他們做。
- 給予充分時間——當他們覺得被催促時，不但會造成他們的自信低落，還會養成他們的依賴性，或是再也不想嘗試任何事。在老人吃完一口食物之前，絕不要再盛上另一口。記得步調適當的話他們可以照顧自己。

- 整理乾淨——確認老人家吃完了，再細心的，輕柔的清理食物殘渣和髒汙。
- 考慮座位的高低——確認你的椅子不要高於老人家的，尤其是當你試著幫他們的時候，你會看起來很具威脅性，也不要站著幫他們進食。

（部分要點取材自《你看見什麼？》）

請記得

請不要這麼做

- 把食物和飲料放在老年人拿不到的地方，這是醫院和照護中心常犯的錯誤；
- 在還沒確認他們是否可以自己吃完食物，或需要你幫助以前，就清光所有的餐食。

進食困難的失智症患者

失智症老人在吃飯的時候會出現許多額外的問題，讓我們一一檢視，並找出解決辦法。以下是可能要面對的挑戰：

- 無法表達他們的喜好——運用視覺輔助和有圖片的菜單，詢問其他家人有關他們的吃飯習慣或食物的偏好。
- 不認得食物或餐具，忘了怎麼使用這些東西——試著跟他們一起吃飯，跟他們互動，你會發現他們會模仿你吃什麼喝什麼，你怎麼用餐具，請保持耐心。
- 沒有好的動作技能——確認玻璃杯不會太重，或是難以掌握，有必要的話，使用兩邊都有把手的杯子，輕一點的和／或有顏色的玻璃杯，防漏杯以及易握餐具。確認他們能坐得正，有需要的話，引導他們把食物放進嘴裡，一直要留意他們的動作，每天的能力可能都有變化，而且仍要盡量維持他們的獨立自主。
- 缺乏清楚的視力——確認房間內是明亮的，他們才容易看清楚，對失智症者而言，餐盤上複雜的花樣是很混亂的，考慮使用單色系的餐盤和餐具，並跟食物顏色形成對比，好讓他們辨識。先解釋和形容盤子裡的食物，讓他們吃前想像一下。把飲料放在他們看得見的地方，並告訴他們裡面的飲料是什麼。
- 不能忍受周遭噪音——讓他們決定要在哪裡吃飯，減低背景噪音，包含洗碗機等等的聲音，不管在哪裡，都要保持環境的平靜。
- 缺乏好的胃口——檢查是否因為換了新藥而影響食慾，有沒有疼痛或不舒服，導致他們不想吃東西。他們可能便祕或有憂鬱傾向，定時給他們一些零食或小點心，食物太燙或太冷也會影響進食，一次只給他們一道主食，並放在大一點的盤子上，看起來才不會太多。音樂或來自大自然的聲音有時候可以促進食慾，老人家可能會喜歡吃兒時記憶裡的東西，或是生命中一段特殊時期的食物。確認他們吃得健康，營養均衡，以保護他們身體和精神的狀態。

- 使用香料或香氛，以刺激整體的感官。
- 欠缺吞嚥的反射機制——鬆軟和濕潤的食物會比較好，炒蛋，馬鈴薯泥，湯，果凍，冰淇淋都很適合。輕輕往上撫摸他們的喉嚨，也許可以刺激他們吞嚥的反射機制。

皮內視鏡胃造口術後之營養灌食

請注意當進行營養灌食的時候——如果手術不是隔夜進行的話——記得這就是病人進食的方式。如果一開始沒有替他們細心考慮的話，這種灌食的特殊經驗會讓他們覺得很不人性化。先詢問老人家是否願意在大家都看得到的用餐區裡被灌食，你有沒有準備一些最新的擦嘴濕巾，它有不同的口味，可以讓老人感覺舒服一點呢？可否擺一些鮮花，放點音樂，在老人的房間裡進行灌食呢？問問老人家他們喜歡的方式是什麼。

（取材自《做得好》〔Doing it Well〕亞曼達衛爾寧為貝斯強生基金會〔Beth Johnson Foundation〕所寫的指導原則）

請記得

健康的食物，對於療癒與恢復身體與心靈，都有不可低估的力量。無論如何，請確認老年人是被好食物充分滋養著，讓他們吃到大自然提供的維他命與礦物質，有益他們的身心健康。

讓食物成為良藥，讓藥物成為食物。

——希波克拉底斯生於公元四六〇年前

第四章

如何照顧自己，預防職業倦怠

我知道上帝永遠不會給我我承受不了的負擔，我只希望他不要這麼信任我。

——泰瑞絲修女

我希望以下這個重要的篇幅能鼓舞你維持你自己情緒的，身體的和精神的健康，請肯定你自己是被需要的，也請了解你跟被你照顧的人同等重要。

照護者需要發揮慈悲關愛，並試著紓解別人的痛苦。然而，照護別人意味著，我們也要學習照顧自己，對我們自己慈悲關愛。如果我們想要繼續維持深層的精神，情緒，和身體健康的話，自我照顧，愛自己，對自已負責，都是該培養的重要特質。然而，我們有多久沒有聆聽我們自己的需求，給予我們自己的身體、心理和性靈養分呢？我們固然知道，照顧自己是基本的要素，可是我們什麼時候把自己放在第一位呢？我們每個人都需要被滋養，被支持與鼓勵，才能提供他人最好的照護。在這個章節，我將指出一些方法，來衡量你的風險程度，也會帶給你一些創新的想法，讓你在心情低落的時候，練習放鬆和修復。

你有職業倦怠的風險嗎？

不要低估照顧別人會帶給我們情緒和身體的損傷。所有的我們在工作上都會面臨事情過多和壓力過大的問題，這雖然是份很有意義的工作，但同時它也是很挑戰身心的工作。如果照護者的壓力長期不被關注，那對你自己的健康，人際關係，和情緒穩定都會造成傷害，最終導致過勞。如果長時間在家或在工作場域已經讓你出現疲累，渙散和無助感，那你可能已有過勞的跡象。職業倦怠指的是因過度且長期壓力，造成一種情緒上，精神上和身體上疲倦的狀態。當你已經過勞的時候，你很難做任何的事，更別說照顧別人了。當我們忽略自我照顧時，倦怠、憂鬱，和失神會開始出現。不經思考的行為最後會演變為身體和情緒的虐待。經常，不顧別人尊嚴的事情會發生，都是因為工作人員已經過勞，失去照顧別人的能力，或無法判斷什麼是可接受的行為。學習去觀察照護者壓力和過勞的現象，是我們解決問題的第一步。

常見的照護者高壓力或過勞的跡象和症狀

- 焦慮、憂鬱，容易沮喪或煩躁；
- 多數的時間都感覺疲倦和無力；
- 失眠睡不好；
- 反應過度，小題大作；
- 產生新的健康問題，或舊問題變得嚴重；
- 無法專注；
- 喝酒，抽菸或飲食過量；
- 失職，不負責任；

- 休閒活動減少；
- 似乎經常感冒。

你的情感生活也可能像下面所形容的一樣被影響：

- 你忽略你自己的需求，可能因為你太忙，或是因為你已經不在乎了；
- 你身為照護者整天忙得團團轉，但你並不覺得欣慰滿足；
- 你不太知道如何放鬆或關機；
- 對於被你照顧的老年人，你越來越感到不耐煩或生氣；
- 你感覺無助，失去希望，也漸漸對這世界感到憤怒；
- 你不想跟朋友，社交圈聯絡，對工作和生活都沒什麼興趣。

自我照顧和預防過勞的行動建議

首先，找出一些在照護領域之外，會讓你覺得生命有意義，有目標的事情，無論是你的家庭，你的信仰，還是你最愛的嗜好。

請這麼做

♥ **擁抱決定成為照護者的自己。**

請了解，即便現在的你可能埋怨一切，也感覺負擔沉重，然而，你曾經很明確的下決定要照顧老人或你的親愛家人。專注在這個選擇背後正面的原因，你為什麼成為照護者，應該是有更深層，更有意義的動機，它可以在困難的時候，支撐著你，讓你重新找到力量。**當一個照護者，最讓你感到快樂的是什麼？**

♥ **把焦點放在你可以掌控的事情上。**

♥ **享受此刻健康的你，曬曬太陽，遛遛狗，抱抱你的孩子。今天，你可不可以專注在帶給你喜悅的事物上？**

♥ **慶祝小小的成就。**

如果你開始覺得無精打采，提醒自己，你所有的努力都是很值得的，你不需要認為治好老人的病，才叫做有成就，你讓老人家感覺安全，舒適，有價值，你不能低估自己。在一個人生命的尾聲，其實醫藥和豪華環境都不如愛來得重要，在照護中傳達愛，可以修復老人和照護者彼此。**今天，你可以慶祝什麼，無論多小的事情都可以？**

找到賞識。

研究顯示，照護者如果覺得自己被感謝，被欣賞，整體的健康和情緒狀況都會提升。照護雖然是很累人的工作，但同時也可以讓照護者更快樂和健康。然而，當被你照顧的人已經無法感受或表達他們對你的感謝時，你該怎麼辦呢？試著去想像，如果他們不是因為生病或苦痛（或被失智症所困），他或她對你的細心付出，會有什麼感受呢？她或他一定會很感激你的，請提醒你自己。如果你跟一個團隊一起工作，可以考慮定期開個小組會議，每個人說出對另一個人的感謝。**今天，你想感謝什麼？**

感謝你自己的努力。

如果你缺乏來自外部的肯定，那就找些方法來肯定自己，獎勵自己。告訴你自己，你哪些地方做得很好，你已經帶給別人許多正面的影響。試著列出一個單子，舉出因為你的照護而造成的正向差異。每當你開始感覺鬱悶時，就回來看看這張清單。**今天，你在照護工作時欣賞自己什麼部分？**

跟一個支持你的家人或朋友聊天。

正面的加油打氣不一定要來自被你照顧的老人，或是管理階層。當你覺得沒人賞識你時，找找朋友或家人，他們會聆聽你，給你肯定。**今天，你可以跟誰聊聊呢？**

勇敢說出來，尋求幫助。

不要以為家人和朋友自動就知道你需要什麼，或是你正在感受些什麼。讓他們知道，有必要的話，尋求專業的諮商。國民諮詢部門可以給予幫助。**今天，你可以尋求哪一位你親愛的人？**

當別人願意幫忙時，請說「好」。

接受幫助時請別害羞。朋友／家人／同事能幫得上忙時，他們也會感覺良好。寫下一些對別人來說很容易做到的事項，例如幫忙接小孩，帶寵物散步，多做點食物放冰箱等等。**今天，你可以對哪個人說「好」？**

願意放棄一些控制。

當你仍然大小事都想管，在後面指揮，或是還堅持一定要照你的方法時，別人就不太願意幫忙了。所以，讓妳先生幫孩子們準備便當盒吧！**今天，你可以放掉一些控制嗎？**

把讓你開心的活動放在首位。

定期安排時間做些帶給你快樂的事情——跳舞，聽音樂，上健身房，在院子裡種花，看看朋友。允許你自己休息，每天都做一件你喜歡的事，你會成為更好的照護者。暫停／休息後，你應該會覺得比較有精神，能夠重新出發，也比較積極。**今天，什麼事讓你開心呢？**

找到方法來寵愛自己。

偶爾小小的奢侈一下，對於舒壓，提振精神來說，可以有長遠的效果。點上蠟燭，好好的泡個澡。拜託朋友或夥伴幫你按摩。也可以做個美甲。買束鮮花放在家裡。**還有什麼事能讓你覺得很特別呢？**

聚焦在一個簡單的事物上。

請讓你自己，一次只專注在一件事物上，像是聽聽窗外的鳥叫，聞聞你摺疊床單時清新的氣味，這些簡單的事，讓你開始活在當下。這是自我照護很重要的一部分。緩慢下來。**今天，你會全神貫注在哪個簡單的小事呢？**

讓自己笑一笑。

大笑是壓力最好的解藥。即便是小的笑話也可以讓你心情好轉一陣子，讀一本有趣的書，看個喜劇，或打電話給常愛逗你笑的朋友，**今天，什麼讓你會心一笑呢？**請跟別人分享。

改變你看事情的角度。

感覺無力是造成倦怠和憂鬱的首要原因。身為照護者，很容易就掉入這個陷阱，尤其是當你想要改變現況卻無能為力的時候。你也許不能改善你面臨的情況，但你可以轉變你對現實的感受。有些像是頂空（headspace）的正念應用程式，可以幫你舒緩壓力，或者你可以試試瑜伽，或是深呼吸。在每天繁忙的生活中，即便只是幾分鐘，都可以讓你感覺比較平靜，看事情的角度也比較清晰。**今天，你可以試試五分鐘的靜坐嗎？**

照顧你自己的身體。

若你一直忽略自己的健康問題，會讓原本壓力就很大的照護工作更顯沉重。我們需要你身體狀態良好，才能真正在工作上發光發亮，**今天，你做了什麼來維持你自己的健康呢？**

運動。

當你又累壓力又大的時候，你可能最不想做的事就是運動。**但是**，運動是紓解壓力和改善情緒最有效的方式。可能的話，每天設定運動三十分鐘為目標，可以提振你的能量，也幫你戰勝疲勞。**今天，你可以找時間運動嗎？**

吃得營養。

吃新鮮的蔬菜水果、全麥、豆類食品、優質蛋白質，和攝取來自堅果，橄欖油的健康的脂肪。這些食物會供給你源源不斷的精力。**今天，你的飲食健康嗎？**

保持水分。

缺水會造成疲勞，散漫和易怒。它會導致心不在焉的行為，然後引發虐待的傾向，因此，所有的員工都應該要保持充足的水分。尤其在悶熱的環境中，這點尤其重要。確認飲水機是方便的，或是隨處提供瓶裝水，如果允許的話。**今天，你喝了多少的水呢？**

充分的睡眠。

你每天至少需要七小時的睡眠，如果不足的話，你的情緒、能量、生產力，和處理壓力的能力都會降低。睡前避免咖啡因，聽些放鬆的音頻或音樂。**限制自己上網時間**。泡個薰衣草精油澡。戴上耳塞，抱一個熱水瓶，或是依偎在你愛人旁入睡。**今天，可以早點上床睡覺嗎？**

你有關愛疲勞的風險嗎？

關愛疲勞的意思是，當我們目睹別人的痛苦，感知並同理他們的情緒時，因為太過投入，我們等於重複體驗他們的苦難，以至於心理和精神上都一起陷落，無法走出來。身為一個老人的照護者，他們在身體，精神和情緒上都正經歷著莫大的苦楚，你可能經常聽到他們的哭泣和抱怨，你也必須安慰他們的懼怕和焦慮。結果就是你開始出現關愛疲勞，這跟職業倦怠是不一樣的。

後創傷壓力症候群（Post Traumatic Stress Disorder）這個領域的研究先鋒查爾斯．費格里博士（Dr Charles Figley）是一位美國的研究學者。創傷學（Traumatology）是他專精的項目之一。他對關愛疲勞的描述對我們很有幫助。這種狀態指的是，一個人在幫助受苦之人的時候，他的心思都被苦難之人所占據，他等於再一次的經歷他們所受的傷痛，因而久久不能自己，陷入其中。這會引起逃避的傾向，漸漸麻木，長期焦慮。費格里博士的研究在網路上都找得到，很多網站都會引用他的文章，他也有自己的網站。

瑞秋．娜歐咪．律曼博士（Dr Rachel Naomi Remen）是另一位在網路很有聲量的美國學者。她在綜合醫療領域裡有很多重要的成果，她也有自己的網站，她鼓勵人們跟她一起探索療癒之路，基於她本質上相當正面的觀點，她認為我們每個人，每件經歷的事，都有它隱藏的完整性。她說，在每天接觸到苦難與傷痛的時候，我們不應該期待自己紋風不動，這是不切實際的，就好像希望我們「行過水中而不沾濕」一樣。

經常，最懂得照顧人，最有慈悲心的照護者，往往是自己在生命裡體驗過傷痛的人，或她們自己是最欠缺被照顧，被滋養的人。透過成為照護者，她們在重新尋找平衡。她們的同理心可能很強，但如果照顧別人的時候，刺激了她們未曾被解決的痛楚經驗，那麼就會導致她們關愛疲倦。

當照護者出現關愛疲倦且失去希望時，壓力和虛空感會如影隨形。請衡量你自己是否容易關愛疲倦，誠實的回答以下是與否的問題。如果你多數的回答是符合敘述的，那請你及早開始採取行動，遵循本章接下來建議的運動和練習。

♥ 我經常覺得別人對我的要求超過我的負荷。

♥ 我覺得他們的痛苦已經影響到我。

- 我不相信自己對他們有什麼意義。
- 我是個完美主義者。
- 我對於別人的苦難很難釋懷。
- 他們的痛苦好像變成我的痛苦。
- 就算在夜晚看不到他們，那些苦痛和悲傷仍然在我腦中揮之不去。
- 我做得還不夠好。
- 我煩惱我可能會說錯話做錯事。
- 我想到自己的死亡。

解決關愛疲勞的方法

發展情緒強度，有勇氣面對和承擔壓力

有些方法可以試試：一次只邁開一步，一天只走一步；培養幽默感；允許悲傷，然後釋放。很重要的，是擁有反思的能力，看重你自己和你的時間，再次跟自己做朋友。

保持客觀

當你做著照護工作時，培養自己不評斷的能力，對情緒也不急著反應。老年人可能因為難

受而發脾氣，因為害怕而苛薄，因為失控而處處挑剔。保護你的界線，表明你願意隨時幫忙，但你不願意被語言暴力。請明白那些情緒的導火線可能跟你一點關係都沒有，客觀是保持健康的方式。

釋放罪惡感

罪惡感經常嚴重地影響了我們整體的生活安適感。如果身為照護者，你發現自己不小心搞砸了，犯錯了，或是露出氣餒不耐煩了，原諒自己吧，你知道明天你有一整天可以重新開始，彌補這一切的。心懷罪惡感會成為一種打敗自己的行為，請明白你有權利休息，重新充電，並且沉澱思考，下次可以用什麼不同的方式來處理。

放下別人的壓力

你不需要因為承受別人的重擔，犧牲了自己的幸福快樂。所以在每天下班前，找些方法讓自己和照護工作切割。經常，一整天照顧人下來是非常疲倦的，這種工作環境，像是一鍋情緒熱湯般需要不停地翻攪，感受無論有沒有被表達出來都是緊繃的，因此它造成的不僅只是體力上的勞累，還會讓人身心俱疲。有一位照護中心經理，她把所有的照護工作的煩惱，塞到一個想像的垃圾紙袋裡，然後快到家的時候，把紙袋丟出車窗外！對她來說滿有效的，發揮你的想像力，看看什麼對你會有用。

祕訣

- 一回到家，用鹽水洗手，可以的話，甚至泡個澡，放些喜馬拉雅粉紅鹽。這樣可以洗淨來自別人的能量。這種鹽的特質，可以清潔別的肥皂無法清除的東西！在能量的層次上它是很有效的，我鼓勵你試一試。
- 焚香也可以幫你淨身，擦一點乳香精油在你的手腕，足部和額頭上。
- 我也會弄一些「煙薰」，燒點雪松或白鼠尾草，來淨化自己和我的家。
- 赤腳站在土地上，感覺所有的壓力和煩惱都從腳底釋放，流向大地裡。
- 另一個有效的練習是，在工作的時候，想像你自己穿上一件隱形的，發光的制服，想像這層光的保護套可以吸收所有你可能遇到的壓力、怒氣、攻擊、孤獨和絕望感。

在你心裡，回家前把這外套留在門外，洗淨曬乾隔夜，這樣，你進入自己的場域時是輕鬆自由的，沒有帶著任何人的想法、焦慮，和苦痛。你也許發現，光是脫下自己工作服的特意動作，就能把工作和煩惱拋在腦後。

服用視覺想像和靜坐這帖藥方

對於我們照顧的老人，產生依附和放心不下是很能理解的，而且這些問題容易在晚上的時候浮現，很重要的是你必須抽離，才能真正睡個好覺。我設計了一種靜坐方式，可以讓你從勞苦重擔中解脫出來，幫助你維持正面的界線，釋放別人給你的壓力。練習靜坐不需要有特別的信仰，這只是一種向內的尋求。你可以選擇把靜坐練習錄音下來，再放給自己聽。即便只是唸給自己聽，也很有效果。靜坐練習也可以在我的《我在你身邊》（I Am Near You）專輯裡找到。（請上網搜尋 www.theheartofcare.co.uk）

找一張舒適的椅子和一個五分鐘內不會被打擾的房間。

靜坐

讓你自己坐得舒服一點，安穩一點，允許自己好好享用這段時間。此刻，感覺一下，你的腳跟這個地球的連結。試試看，讓那些外面的聲音漸漸地消失在背後，讓妳的心思意念，像雲朵一樣飄向天邊，只要看著他們，不要有任何的牽連……深吸幾口氣，每一次深呼吸，都卸下一點你生活中的繁忙事務，向你自己保證，接下來的幾分鐘，你會完全的與自己「同在」。沒有任何要做的項目，要說的話，要修正或改變的事情，也沒什麼好煩的，這是你休息、修復和再生的時候，你值得擁有這段時間，來好好放鬆。再深深的吸一口氣，這一次，讓自己輕輕的嘆息，放下更多的自己。

現在，在心裡想像一下，這是一個夏日的清晨，你坐在一個柔軟的墊子上，身旁綠草如茵，緊鄰著美麗而平靜的湖，你看見陽光灑在湖面上，波光粼粼，你感覺到皮膚也被太陽照得溫暖了起來，你欣賞這無比美好的環境，深深的吸進一口新鮮的空氣，柳樹的葉子，沉浸在冰涼清新的湖水裡，優雅的天鵝，輕輕的在湖上划行。你看見高高的蘆葦，在湖邊隨著微風搖擺，你也看到，色彩鮮豔的蝴蝶，飛舞穿梭其中。你平靜的，快樂的坐著，一點一滴享受你周遭的美景。你聆聽那悅耳的鳥叫，似乎在對你歌唱，你感覺滿足、安全、放鬆，而且平靜。開始覺察，有一股芬芳的香氣撲鼻而來，在湖的另一邊，一朵粉紅色的蓮花悄悄的綻開了，它的花香在空氣中瀰漫著，你用力的吸氣進來。你是如此的快樂而滿足，被這股特有的香氛圍繞著，你吐了一口氣，彷彿把身體裡所有的緊繃都釋放了，你很感謝，自己能花這些時間與自己「同在」，你感覺自己的心也打開了，就像那朵蓮花一樣，當你敞開心胸的時候，你注意到有一股美麗的金色的光芒，從你的心放射出來，這股光包圍著你，你像是待在一個金光閃閃的泡泡裡，這個泡泡充滿了無條件的愛，滋養了你。在這個光芒四射的泡泡裡，你感覺安全又幸福。像是有人把你接住了，你再度充滿希望，精神飽滿，你的心，成為金色的發光體。

在這個平靜安詳的狀態裡，你發現有些小小的帆船在湖面上緩緩前行，每一艘船，載著一個被你照顧的人，他們也被各自的金色泡泡籠罩著，他們駕駛著自己的小船向你靠近，你可以很清楚的看到他們的臉——他們對著你微笑，他們感謝你心裡那道溫暖的光，你了解他們是心滿意足的，他們有能力自己掌控自己的船，他們在湖中輕鬆自在的航行。你感覺到跟他們之間濃濃的愛與關切，微風輕起，你看見每個人都在享受這份自由，這種獨立行駛的快樂。當他們漸行漸遠，你帶著關愛的眼神目送他們，沒有一絲牽掛。你看見他們航向海平線的另一端，視線慢慢地模糊，你知道他們是安全的，因為他們被金色泡泡一路保護著，他們，是自己的駕駛。你在你的金色泡泡中也感到平和，你知道，一切都會好好的。你再次吸了一口氣，你明白，在你光亮的心中，就這樣停在湖邊，什麼也不做，是多麼美好的事，就這樣與自己「同在」，你允許自己自由，也等於許可別人自由了。你意識到，你可以隨時回到這個湖邊，跟自己在一起，但此刻你得要回到現在的時間了……所以……現在，輕輕的注意一下房間裡的聲音，感覺一下你坐著的椅子，動一動你的手指，鬆一鬆你的脖子，回到你自己的身體上。伸伸懶腰，深吸一口氣，然後慢慢地吐氣，開始觀察你的周遭，用手撥開你的頭髮，感覺你的腳趾頭，再回這個時間與空間。你體會到，這樣的靜坐會幫助你，當你被別人的需求淹沒的時候。你知道，跟自己的生命，自己的心靈與精神連結，是再重要也不過的事。

請記得：你跟被你照護的人同等重要

要給予關愛，自己先需要被關愛。請好好照顧你的身體、心理和精神，這樣你才有能力照顧別人！你如何把自己，放在你照顧的中心呢？要做到這點，你必須立下個人的承諾，把它寫下來，放在你和你的親愛家人都經常可以看見的地方，**要把我自己，放在我照顧的中心裡，我將會：**

- 訂下並維持我的適當界線；
- 關注我自己身體和情緒的健康；
- 安排時間給我自己的生活；
- 開始寫一本感恩日記，記下我值得慶幸的事；
- 經常跟我愛的人聯絡；
- 找到方法來面對悲傷和失落；
- 允許我自己哭泣；
- 有獨處和放鬆的時間；
- 接觸大自然或任何能啟發我的地方。

你可以增加其他對你有幫助，保持你身心平衡的承諾。

讓你的蠟燭持續發光

花時間練習靜坐是很有益處的，靜坐不需要有特別的信仰，然而它能讓我們感覺平靜，正面並且再度精力充沛。整個練習可以在兩分鐘內做完，我們會明顯的感到樂觀，心平氣和。允許自己關照你的內心，因為我們的心裡承載了許多的悲傷和壓力。想像在心中點燃一根蠟燭，金黃色的燭光，美麗的照亮了你的心。專注在你心裡的燭光，不斷的將你的注意力帶回到心裡的燭光，跟著燭光呼吸，當你準備好的時候，張開你的眼睛，跟你的四周再次連接起來。經常查看你自己內心的蠟燭是否還燃燒著。如果它滅了，請用意念再一次將它點燃，有時候我一天需要重燃我心中的蠟燭十次，然而每一次，我都覺得，只要能顧好我的燭火，我就可以平靜下來，關愛自己。

禱告和連結

找到一種方式，與高於我們的力量連結。它是人間慈愛的泉源，帶給我們安慰和能量，或許能夠增強我們適應的能力。當你覺得瀕臨崩潰的時候，請對著你的信仰，不管是你信仰的是什麼／誰，請對它說：「我臣服在心中的神／耶穌／大地之母／天使／佛陀／至高無上的力量／基督前，請釋放我，讓我自由。」然後你把問題交給它，你願意接受上天的安排。

也許你可以考慮對自己說段寧靜禱告，當你覺得照顧別人的壓力過大，無法承受的時候。「親愛的神，請給我平靜，讓我接受我不能改變的事情，也給我勇氣去改變我可以改變的事情，賜予我智慧，分辨兩者的差別。」這段禱告詞是美國神學家瑞宏・紐布爾（Reinhold Niebuhr）所寫。

一直持續向前

用奮鬥，犧牲和責任感來激勵自己是很糟糕的，不要太過於用結果來評斷自己是否成功，導致你忽略了這段旅途的過程。如果你已經失去熱情，也無法專注的「一直持續向前」，試著找到可以鼓勵你的人，藉由他們的熱情和毅力，重新激勵你。可能是你的同事，或是來自歷史或虛構的傳奇人物，試圖找到你的英雄，來幫助你成為自己的英雄。

我喜歡引用以下這個有關溫斯頓邱吉爾爵士（Sir Winston Churchill）的故事，在他八十歲那年，受邀至牛津學生公會（Oxford Student Union）演講，他站在台上，對著熱切的學生們說「**永不放棄**」。然後他停頓了一下，看著台下學生們的眼睛，再說了一次「**永不放棄**」。一分鐘過後，他深沉的注視著他們的雙眼，最後又說一遍「**永不放棄**」。他離開了講台，但他帶來的震撼在場內久久不能散去。每次當我接近要放棄，想逃避躲在被子底下的時候，我就想到這個畫面！

另一位我景仰的女英雄是海倫・凱勒，她克服先天又聾又啞的障礙，成為二十世紀世界知名的人道主義者。「我是一個人，無論如何，我還是只是一個人，我不能做所有的事情，但我可以做一些事情，我絕對不會拒絕，去做些我還能做的事情。」

公民權利運動先驅馬丁・路德金（Martin Luther King）也非常的啟發我。「我們需要接受有限的失望，但永遠不能放棄無限的希望。」

創意的良藥

請發揮你的創意，幫助你度過困難的時光。畫畫，唱歌，寫作，跳舞，發洩你沮喪或悲傷的情緒。在我感覺黑暗的時候，我會寫詩，讓我熬過那種「了無生趣」的階段。我的詩，變成我正面的信條，我經常用來提醒自己，也分享給別人，以重新燃起希望和自信，肯定我們照護的價值，無論是看得見或看不見的價值。

如果你播下一棵種子
然後它在別處生根，
請別對它失望

種子仍在那裡。
重要的是播種
重要的是嘗試。
枝葉或許會破碎，
但種子永遠不死。

——亞曼達．衛爾寧，二〇〇一

自我關愛

我們也許經常關愛別人，但卻不把自己當一回事，請學習呵護你自己。我們都渴望被愛，然而我們很少觀照自己那個總覺得不值得被愛的部分。試著紓解，原諒和安慰你最深的傷口，對自己溫柔，仁慈，有耐心，有關愛，然後，開始走上你的療癒之路。

我把自己放在我照護的核心，才能有更寬廣的愛與能量去照顧別人。

——亞曼達．衛爾寧

第五章

如何持續創造力並從事創意活動

快樂的來源，既不是龐大的財富，也不是華麗的外表，而是擁有平靜的心，和專注的事物。

——湯瑪士・傑佛森（Thomas Jefferson）

我希望你會喜歡將創意和創造力活動放在你照護的核心。讓我們獨特的創意有發聲的機會，發揮我們表達的自由，使我們感受生命的意義或喜悅，無論我們年齡多大，都能夠熱切地活著。我們每個人都需要從事一些有別於日常生活的活動，以培養興趣嗜好，帶給自己小小的成就感，並在身體、心理和精神上成長茁壯。

在老人照護中提供有意義的活動，可以讓每天的生活有組織，也給予他們歸屬感。許多的老人感覺跟重要的人事物都斷線了，他們遠離熟悉的家人和日常，所以需要一些像是音樂、藝術、園藝，或散步來重新找到興趣和友誼。創意活動也可以降低急躁和不安，它可以提升人的情緒，改善社交關係，避免依賴成性，對健康有諸多好處。

一個身體不好或虛弱的老人可能沒什麼期待，他們的自信和自我認同也消失殆盡，但如果鼓勵他們參與，哪怕只是用一點點剩餘的精力，也能恢復他們的希望和自尊。能夠持續貢獻跟他人分享，付出和接受愛，都可以幫助老人們找回平靜和尊嚴。分擔工作，共同活動，是建立感情的好方法。

很重要的是，在給予適當程度協助，和「幫他們做」的兩者之間取得平衡。先評估老人能做什麼，是以人為本的生活品質計畫中的基礎。請明白他們的能力可能每天都有變化，因為心情低落或身體不適，所以你必須臨機應變，保持彈性，也請記得，失智症老人的能力可能隨時都在變。

認識他們

想幫助你了解如何增強老人的社交，情緒以及創意，請嘗試使用以下的清單。

- 他們在過去喜歡扮演什麼樣的生活角色？如何鼓勵他們，在現在的社群裡，繼續扮演那個對他們來說很重要的角色？
- 他們過去喜歡做什麼，熱中什麼事物？
- 他們可能想做一些，跟過去保持連結，現在也仍能參與的事情？
- 他們需要什麼輔助，來完成這個活動？
- 他們現在的注意力能維持多久，能一直覺得有趣和專注？
- 他們喜歡有人陪嗎？如果是的話，需要陪伴多久？
- 他們喜歡自己獨處嗎？
- 他們是早上型還是晚上型的人？什麼時候他們最沒精神？
- 根據他們的作息和精力高低，為他們量身設定活動。

（來自《你看見什麼？》）

請記得

雖然有些人可能因為重拾過去的興趣而獲得很多樂趣，有些人可能反而不想再做以前擅長的事，他們的能力和喜好可能變了，或是這個活動讓他們想起過去跟家人和親友一起參與的時光，反而讓他們感覺沮喪。你必須心思敏感細膩。絕對不要強迫或要脅他們一定要加入活動。肯定每一個人的選擇。有些人只喜歡坐著看看大家就很開心了，他們不一定要投入其中。當然，很重要的是要評估他們是否真的只喜歡從旁觀察。如果他們說「不想」參加某個活動，但你感覺他們其實或多或少是想試試的，請想想其他的方式來引起他們的興趣。注意他們的選擇和應允，如果不確定的話，可以問他們的意見。

繼續動一動

鼓勵他們積極的運動是很重要的，因為長時間坐著會加速體力的衰退，在照護老人上造成很嚴重的問題。肌肉會流失，關節會退化，導致骨折的風險增加，心臟和呼吸道功能減退，以及褥瘡。長期不動也使得體重節節上升，排便困難，充滿敵意，不耐煩，並且失眠。身體的活動對於心理和精神的提振有很正面的效果，也可以增加彈性，強度，和平衡，紓解憂鬱，痠痛不適和睡眠障礙。再者，能減低憤怒，混亂和記憶模糊等問題。

因此，請鼓勵並盡可能的把握任何一個可以讓老人動一動的機會。試試在大自然裡散步，簡單的園藝，小規模體力競賽，走路投球，輪椅舞蹈，聽音樂畫畫，打鼓，瑜伽和迷你高爾夫。對於失智症老人來說，鼓勵他們做些有目的性的活動是很重要的，例如打掃，除塵，分類，和清洗。用一些日常生活項目來敲醒他們的肌肉記憶，可以符合他們平日自己的需求，感覺自己是有價值，有意義的。發揮你的創意在這些行動計畫裡，跟老人像是一個團隊一樣討論和列出選項。選擇錯誤的活動，或是活動度不夠，都會對老人的健康和福祉造成負面的影響。

分享想法

請記得，老年人仍然是可以學新東西的！如果你有一個自己很喜歡的活動，別害怕分享給老人家。將科技整合進入活動裡，使用一個平板，一起玩一個電腦遊戲，或者在Google地圖上，一起去他們以前喜愛的地方來趟虛擬散步。活動設計不需要綁定在他們熟悉的時空裡，跟老人分享你個人的喜好，他們也會喜歡跟你一起發現新的事物，一起探索不同的興趣，可能包括：

- 有活力，提振精力的活動，例如球賽，打保齡球，跳舞；
- 安靜溫柔的活動，像是靜坐，瑜伽，塗色，法式滾球；

- 獨自完成的活動，例如填字遊戲，接龍；
- 腦力的挑戰，例如猜謎，辯論和記憶遊戲；
- 跟五感有關的活動，像是烘焙，聞聞香草或香料，撫摸寵物，插花；
- 全新的領域，譬如學義大利文，做壽司；
- 社交活動，像是唱歌，品酒，茶會；
- 性靈的活動，例如吟唱，點蠟燭，讀經；
- 鼓勵溝通的活動，舉例：說故事，比手畫腳，寫作；
- 文藝活動，例如陶瓷，藝術史，和旅遊書講座；
- 創意活動，像是畫畫，捏陶，沙畫，木工，攝影。

請考慮

獨處是人類正常的需求，有時候太過強調「社交」也是不勝負荷的，你照顧的老人可能是內向型的人，喜歡待在他們的房間，不喜歡追求跟別人的互動。他們的生活方式，跟那些恰恰相反的外向型人，是有很大的不同的。

適合他們的活動可能包括賞鳥（投資一個好的望遠鏡），正念塗色本，上網學習數位攝影，製作拼貼，養一隻鸚鵡，看電影，寫日記或筆記，聽聽有聲書。他們也可能會烘焙蛋糕和餅乾給大家，這是他們跟別人互動的方式。

保持積極

幫他們設定一個目標，可能是一種激勵他們的方法。可以考慮用一個分數卡，獎勵貼紙，或是承諾卡，來觀察他們的進度。跟他們分享別人的達標也是很能振奮人心的，試著鼓勵他們運用自己的能力，而不至於讓時間和速度壓力阻撓他們幫忙和貢獻團隊。跟老人一起思考，什麼樣的計畫是他們想投入的，想做的或想學的。談談你自己的計畫，你也可以跟你照顧的人共同鼓勵彼此。老人也應該有機會分享他們的技能，或許能夠豐富你的生活，加深你們的關係，請享受這個過程。

請記得

保持積極，並讓活動充滿意義，意味著你必須確認，不管他們創作出什麼——卡片，針織，刺繡，餅乾——都應該有個最後的目的，例如當成禮物送人，募款義賣會上的東西，甚至是為了打破一個冷門的金氏紀錄！

因為一個共同的目標，人們會受到鼓舞而凝聚在一起，他們知道他們創意的成果是有意義的，對別人也有正面的效果。

這會讓老人覺得自己跟廣大的世界仍然有連結，他們了解自己似乎造成了一些影響，對社會尚有一些貢獻。

讓老人知道，並且有管道接觸網路的請願和社會活動，所以他們的想法也可以被聽見，感覺自己對大型的社群是有影響力的，你可以試試幾個活躍的網路社群，如38degrees.com或是Avaaz.com。

跳出傳統的框架

運用驚喜的元素，設計一些意想不到的「事件」，試看看一些新奇的做法：

- 學日文，搜尋免費語言網站www.duolingo.com。
- 試試卡拉ＯＫ。
- 嘗試不一樣的電動遊戲，Wii健身遊戲，Wii運動遊戲，在iPads或Android平板上的拼圖和鍛鍊腦力應用程式，科技提供了簡單有趣的方式讓我們玩遊戲，像是數獨（Sudoku）和拼字遊戲（Scrabble），或是填字遊戲，都可以在平板上的應用程式和網站找到。平板不僅能讓老人放大字體，看得更清楚，避免眼睛乾澀，也不要求老人要手指靈活，玩傳統的遊戲老人可能得握著筆，或是拿起一個小物件。

- 練習玩魔術，可以幫助訓練心智，還可娛樂他人。
- 舉行視訊或網路連線講座，例如邀請動物專家來展示小動物和說故事，歷史學家來分享故事和照片，廚藝，園藝大師來傳授祕訣和經驗。
- 嘗試素描寫生，書法，巧克力品嚐會，學習烏克麗麗，肚皮舞，聲樂發表，盆栽，養蜂，脫口秀。盡量發揮你的創意。

我推薦你去以下兩個網站 www.brightcopperketctles.co.uk和 www.goldencarers.com，他們會有更多可以啟發你的好點子。

提升失智者的幸福感

啟動失智者的整體幸福感，身為照護者的你需要放輕鬆，跟他們在同溫層裡。在當下保持玩心和隨興，是一種天分，可以瞬間改變氣氛，提振精神。用療癒的方式，喚起他們的五感。考慮一些主題和興趣，對被照顧者來說是最顯而易見的，然後把這些主題式的紀念品放在架子，走廊，窗台上，以喚起記憶，引起互動。把外面世界的豐富和多樣，帶進他們小小私人的空間裡。

很多活動是可以經過計畫，也可以突發奇想的，例如藝術、音樂課、打鼓、勾毛線聊天、運動、出遊、特別活動、電腦課，或是主題日。

在失智者的世界裡，沒有什麼活動一定是「對」的，每天也不是毫無變化的，就像我們一樣。每個人都是獨立的個體，不管他們年紀多大，或是失智到哪個階段。在考慮介紹一個活動之前，很重要的是蒐集每個人背景資料，越多越好。可以先跟他們聊聊天，建立信任，詢問他們的家屬，讀讀他們的照護計畫。收集他們的資訊固然重要，但你也應該要分享自己的事情，告訴他們你的孩子，你假日做什麼，你的寵物等等，這樣才能彼此互信。如果可能的話，讓他們一起參與設計活動內容，我總是給他們選擇，可以做些什麼，或是我們平常的小巴旅行可以去哪些地方，永遠要準備臨時改變，以配合他們的需求。我發現很多我們早期的失智症患者，不願意參加「團體活動」，因為他們覺得這些活動讓他們很沒面子，所以，我會邀請他們來幫我忙，而不是來參加活動。每個人都需要覺得自己有用，有價值，我們有位名叫凱特的女性長輩，她不想跟那些失智現象較為嚴重的老人們一起小巴出遊，她覺得會讓她更加消沉，但當我請她幫忙的時候，她突然有了目的，也就興高采烈的跟著大家一起活動了。

——喬．懷特浩斯（Jo Whitehouse），活動組長，十四行詩照護之家

跟失智症患者分享有意義的活動

通常，意義跟過去的職業或嗜好有密切的關係，所以，如果你不知道對方的經歷，問問他的家人，或是觀察他們對不同活動的反應。如果他們感覺很不舒服或苦惱，請停止這項活動，並記下他們反應良好的活動。

適合男性的活動

現在雖然已經進入兩性平等的時代，但很重要的是，老人們經歷的時代和扮演的角色跟我們畢竟不同，因此我們還是要給他們選項，來從事傳統的女性和男性的活動。也許你會發現有些老人不在意做些女性喜歡的事情，或者事實上，他們特別喜愛跟女性一起參與活動。你可以

提供一些男性與男性認識的社交活動，來建立友誼，或師徒關係，並注意他們關切什麼話題，什麼能讓他們開心大笑。可以考慮推出一個男性社團，在社區，家人，或員工之間尋求男性加入，可以跟老人一起談天分享，或者是主題式討論。試著幫有共同興趣的志工和老人配對，當過軍人的討論戰爭，商務人士討論過去在職場的樂趣和挑戰。運用老人過去的職業背景，或許可以帶給照護之家或中心的人不少益處。覺得被需要，有貢獻，總是讓人感覺良好。尤其是有些男性過去喜歡在家中做些敲敲打打，修修補補的工作，你可以讓他們試著幫忙一些雜事，像是修理鳥屋，更換插頭裡的保險絲，掛畫，家具拋光，磨亮銀器，或是油漆書架。這些是很小但有意義的工作，可以幫忙社區，提升自尊心。你也可以考慮設定一個晚上做為男性遊戲之夜，安排像是西洋棋、撲克，或是猜單字之類的策略遊戲。

鼓勵男性女性培養興趣

以下是一些大家熟悉的嗜好和相關的活動供你參考，你也可以加進你自己的想法。

編織愛好者

給他們看一些舊的編織圖案，準備一袋雜七雜八的毛線來讓他們觸摸。做幾個彩色小毛球，提供一些未完成的編織方塊或領巾，他們也許會想幫忙完成。

談到針織，我經常會請這些女性幫我啟針，有一位老太太她失智很嚴重了，不能再幫我的忙，但她很會解開一團又一團的毛線球，她總是開心的坐在那裡弄，可以維持很長一段時間。

——喬·懷特浩斯，活動協調人員

動手做愛好者

帶一個舊的工具箱和工具袋，或是一條圍裙，準備開始動手作。找一些螺栓和螺帽來讓老人分類和配對，或是請他們幫忙拴緊木頭上的螺絲，或把兩個小塑膠管子連接在一起。

汽車狂熱者

如果老人的最愛是車子，帶一些老汽車或引擎零件照片給他們看。請他們說出不同車子的型號，也可以展示一些玩具汽車模型。觀看賽車的錄影帶，在Youtube上找找如何清理引擎或換輪胎的影片，或許你們還可以一起洗車。

園藝愛好者

喜愛園藝的人應該會喜歡翻閱園藝雜誌或是種子目錄，給老人一塊地方可以種下種子，澆水，並看著它成長。種蔬菜，或是栽培香草也不錯。待在戶外，對失智症老人是有好處的，你也可以鼓勵他們去清掃樹葉，製作壓花放在書裡，或用花草作成圖片。

音樂愛好者

可以試試「猜歌遊戲」或是玩樂器活動。帶一首你喜歡的歌和樂器，一起唱歌，一起做音樂，探索不同的韻律，練習對唱，或是在不同的樂器上彈奏簡單的弦律，你可以當一天的指揮家，或是給他們一根指揮棒，讓他們跟著喜愛的古典音樂揮動手上的棒子。

運動愛好者

觀看屬於他們年代的運動精彩賽事，或是在Youtube上找找過去比賽的片段。保持他們的活力，讓那些超級喜歡運動的人有機會練習迷你高爾夫，在Wii上玩保齡球，或是任何其他運動遊戲。也可以鼓勵他們去外面打保齡球，軟式壘球，帶一些運動紀念品讓他們觸摸和討論，或許可以刺激他們的記憶。播放他們喜歡的球賽錄音檔也能夠激起他們的想像。

旅遊愛好者

下載Google地球在iPad或平板上，問他們想要看看的景點和地方是哪裡，帶他們去趟虛擬之旅。讓他們潛入深海，探索古老的沉船，造訪他們蜜月時期去過的地點，或是當兵時期海外住紮的基地。

動物愛好者

對動物無條件的愛是很療癒人心的。撫摸寵物可以降低人的煩躁，減少孤立的感覺。鼓勵他們接觸小動物，也許他們會喜歡刷刷狗毛，但照護者要注意，觸摸小動物後一定要洗乾淨手。餵魚也可以讓他們產生一種責任感。準備個魚缸，裡面養些熱帶魚，也能製造生活樂趣，烏龜、天竺鼠、兔子、鸚鵡、貓咪都可以成為老人家的安慰與陪伴。在Youtube上一起觀看好笑的動物視頻，既有趣又能讓老人開懷一陣子。帶一本有關動物的故事書。玩玩動物圖卡遊戲，有些人比較容易跟動物溝通，但還是要詢問個人喜好，不是每個人都喜愛動物的，他們可能會害怕或是過敏。

在失智症的中期，有些人會喜歡抱著絨毛貓咪或小狗，他們會覺得很有安全感，考慮一下，如果你得離開老人家，給他們一隻電子動物，或是裝了電池的絨毛小動物來陪著他們，讓他們安心。

——泰瑞，照護者

我發現有位患者以前養過馬，她最近非常的遲緩，有好幾周都不說話了，我問過我們的管理階層，看看可不可以把我的小馬帶到花園來，後來效果出奇得好，她會撫摸它，跟它說話，她的眼神閃閃發光。結果很多患者開始談論這件事，他們也很喜歡我的小馬。

——凱蒂，護理人員

父母和家管

有些失智症患者喜歡做家事，可以讓他們感覺有尊嚴，活著有意義。一些療癒性家事包括：折床單，洗東西，擦皮鞋，掃地，把鳥的食物槽裝滿鳥食，準備青菜水果，或是插花。

跟小孩子和嬰幼兒玩耍，對於一個當過父母的人來說都是很正常的生活一部分，所以請安排機會讓他們跟兒童互動，讓孩童唱歌或唸書給他們聽，或者帶他們去公園遊戲區走走。失智症患者跟兒童接觸後，會開始比較積極的投入，他們能教孩子一些事情，像是如何折毛巾，如何打掃扶手上的灰塵，或是如何照季節或顏色來把東西分類。當然，跨世代的活動也會有些風險和挑戰，所以請務必做好仔細的監督。小孩可能跟失智症老人一樣難以預測，也不受管教，所以請小心謹慎，保持兩方的安全。

失智照護中洋娃娃和絨毛玩偶的療癒效果

在另類諮商的領域裡，玩偶治療已經越來越常見了，它可以當成是輔導戒毒的另一種選項。有些老人，尤其是女性，可能會喜歡抱著和照顧一個假的嬰兒娃娃，很多時候，他們跟娃娃產生連結，享受那種過去熟悉的照護者角色，做得逼真的娃娃能帶給他們慰藉，降低他們的壓力和躁動，給他們溝通的機會，激發美好的回憶。隨著情緒的抒發，照顧嬰兒的責任感也油然而生。有時候，娃娃可以幫助失智老人，褪下他們的外殼。然而如果你和你的照護中心想要使用假娃娃來當作治療的一種方法，和患者家人解釋是很重要的，你需要有信心，這樣做對患者是有助益的。

有些家屬看到他們的親愛家人似乎倒退回嬰幼兒時期的狀態，可能會很不高興，因此，身為一個照護者，你需要細心觀察老人家和假娃娃的互動情形，部分照護中心發現老年人變得太過呵護洋娃娃，舉例來說，他們會把娃娃放在床上睡覺，而自己卻睡在椅子上。

失智照護的創意與藝術活動

創意活動讓情緒，想法，自我探索，希望和夢想都有了抒發的管道。投入藝術，給失智老人一些美好的機會，來表達自己。

請這麼做

- 請記得，一個人能夠參與活動的能力會隨著失智症的發展而變化，所以很重要的是定期檢查每個人對活動的反應。
- 請鼓勵個人或團體隨興發揮，允許自由，快樂的表現。
- 請給予越多跟人互動，跟人連結的機會越好。
- 請提供一致且溫暖的做法，減少分心。
- 請專注在他們的能力而不是問題。
- 請加入他們的時空，從他們的角度看世界。

藝術

對於一個想像力仍然豐富的老人，療癒性藝術可以更強化他們的想像空間。藝術提供一個動手做的創意出口，也因而賦予了他們意義與任務。蒐集一些無毒的黏土，水彩顏料，可以洗掉的油性筆，色筆，或鉛筆和紙。你可以直接引導他們使用這些材料，「今天我們要來試著畫一道彩虹。」或是不引導他們任何方向「你們想畫什麼就畫什麼」。黏土和顏料對於刺激觸感都是很好的媒介，他們可以掌握材料，也強化他們的雙手。其他一些零失敗的點子如下：

- 跟著音樂用手指畫畫——讓手上的指頭沾滿基本顏色，然後開始隨著弦律和拍子「彈鋼琴」；
- 塗鴉——閉上眼睛，讓感覺帶著筆尖隨意走；
- 製作慈善卡片——用模板或橡皮印章都可；
- 在布料上畫畫。

音樂

我們可以藉由音樂的力量來溝通。當我們詞不達意的時候，也許能靠音樂來連結彼此。音樂可以強化我們的腦部，滋養我們的精神。聆聽和與音樂互動可以舒緩我們的壓力，也能幫助我們管理疼痛，讓我們暫時忘卻煩惱，改善睡眠品質。失智症患者可能會表現出比平常自在且隨興的樣子，也會想要順著音樂動一動，跳個舞。

失智症早期到中期患者仍能加入合唱團唱歌或練習彈鋼琴。（請參考 www.verywell.com）為大腦歌唱（Singing for the Brain）是很好的服務團體，老人經由參加練唱的過程，可能會喚起短期或長期的記憶，並且再三回味。如果老人只能聽而不能參與了，那就放些他們喜歡的錄音給他們聽。一首喜愛的老歌可能帶來千百種回憶，或許開心，或許失落，但我們腦子裡有個部分永遠都不會忘了那些歌曲，歌詞，以及對我們曾經的意義。我們看過很多的例子，不勝枚舉，他們都已經進入失智症晚期了，不太能說話，但一聽到喜歡的歌，就能一字一句地唱出來。幫每個人建立一套撥放清單是很有用的，能撫平他們的焦躁，當他們的情緒開始低沉的時候，也能夠拉他們一把。

——喬・懷特浩斯，活動組長，十四行詩照護之家

在活動裡加入音樂的訣竅

請這麼做

- 播放他們年輕時期流行的熱門歌曲，讓他們隨意跳舞。
- 欣賞一些對他們可能有意義的音樂（教會音樂，年少時期的樂曲等等）一次聽一首，跟他們聊聊感受。
- 為他們設計一套在iPod上的播放清單。

♥ 幫他們穿衣的時候哼一首歌（可以讓他們平靜）。
♥ 寫下他們反應最好的活動項目。
♥ 一起玩樂器，鈴鼓，打鼓，短笛，敲鐘。
♥ 試著使用無線耳機，或附上耳機的個人錄音機，CD或MP3撥放器，同樣的音樂，一個人聽起來很振奮，另一個人可能就覺得很厭惡。

請不要這麼做

✕ 如果你照顧的人已經開始不耐煩了，你還堅持要他們聽完。有些音樂對他們來說可能就是噪音（改天再試試同一首曲子，若他們的反應還是一樣，請記錄下來供以後參考）。
✕ 如果他們開始流淚，就立刻關掉音樂。先問問他們怎麼了，是否難過傷心，聊聊為什麼他們聽到音樂時這麼情緒化，可能是在某個喪禮唱過的詩歌，或是他們第一次聽到時曾經感動萬分。這些感覺對於情緒健康是很重要的，擁抱這些感覺，等整首曲子播完後再做其他的事情。

打鼓的力量

我經常被邀請去照護中心，不只是要訓練員工，還要提醒他們，照護要能同時讓患者與家屬感到與有榮焉。我曾經受過美國原住民傳統的訓練，在我開始進行肯定與回顧老人一生的活動之前，我對著每一位老人，運用我的鼓，輕輕敲著，像是心跳一般，我對他們說，這些迴盪的鼓聲，是在向他們和家人致敬，他們應該要肯定自己一路走來的旅程。他們的現在，過往，以及未來，都值得慶賀。我很愛看到他們臉上的表情，淚水，驚訝，放鬆，平靜和笑容交錯著，我感覺他們的靈魂也被療癒了，因為他們覺得真的有人花時間來回顧，慶賀自己的生命。

多年來我曾經帶領過許多打鼓團體。我鼓勵你嘗試看看，打鼓團體的效果非常正面，而且長遠。

- 它帶來歡笑和喜悅。
- 它給予老人一個溝通的管道，能夠幫助他們釋放情緒，無論是正面或負面的。
- 即便他們已經失去言語的技能，他們知道透過打鼓，別人會聽到並回應他們。
- 鼓聲可以誘導腦中的A波，讓老人覺得平靜和放鬆。
- 它幫助老人專注在當下。
- 打鼓不會讓人有挫敗的感覺。
- 它是很有趣的活動，什麼人都能加入，大家可以凝聚在一起。

請考慮

試著使用不同聲音的鼓和打擊樂器，例如：邦哥鼓，小型非洲金杯鼓——中間音層，水牛馬林巴鼓和非洲金杯鼓——低音貝斯，浪聲鼓，雷管——自然聲音，沙鈴。其實我們每個人天生具備一種韻律感，我們的腳會隨著音樂打拍子，我們的心臟也隨之跳動，我們走路有固定的節奏，聽到某些音樂會想跳舞，我們順著自己生命之鼓的節奏，向前邁步！

詩的力量

多數六十歲以上的老人，在學校時受的教育是能夠背誦古詩，朗朗上口。因此，當他們聽到熟悉的詩詞時，是一種莫大的安慰。對一些已經知道自己記憶有障礙的人來說，他們能夠想起一些隻字片語，會讓他們感覺既安心，又有成就感。在我們的腦中，回憶歌詞跟詩句的區塊是一樣的，一起跟他們朗讀詩詞，也許他們還能背誦以前學過的華茲渥斯（Wordsworth）的詩給你聽。

說故事的力量

你可以運用音樂，故事，詩詞，歌曲，整合在一起來敘述和慶祝老人家過往的經歷。讓老人參與這種方式，可以喚起他們說故事的能力。說故事能點亮失智症患者的記憶，鼓勵他們溝通，也提升他們的自信。他們可以講述一些耳熟能詳的故事，或是自己的故事，也可以即興的編新故事，你可以和他們一起做道具，演默劇，並扮演不同角色。

說故事的訣竅

- 請記得這是讓老人有機會敘述自己的故事，他們可以自己掌控故事的內容，故事可以被重新創造，他們的自尊和溝通能力方能恢復。
- 說故事沒有對與錯，也沒有所謂的失敗，故事結構可以很龐大，也可以很微小，讓參加者自行發揮想像力。所以，丟掉一切規則，在這裡，說故事不一定要有頭有尾，或中間轉折，說故事可以很有創意，冒出一些不合理的人物，或是無厘頭的想法，也沒什麼不可以，它可以很自由，很刺激，也帶來很多的歡笑。
- 請記得你可以不用言語講故事，用哼的，用音樂，甚至是碎碎唸的都可以。
- 想要尋找靈感，你可以用兩個物品串聯在故事裡，或是用一個圖畫當成視覺輔助。找一些可以激發想像力的圖片，家庭相片比較會局限想像力，不建議使用。經常，越不寫實的圖像越好，舉例來說，大張的，彩色的，動物穿著衣服的照片，或是不尋常的內容和場景，像是太空人在超市裡，可能會有意想不到的效果。

- 你如果多用一些開放式的問題會比較容易得到回應。例如，「你覺得我們應該給這個人取什麼名字？」「你覺得他們要去哪裡啊？」「你從照片裡聽到什麼聲音嗎？」「這個會是什麼呀？」「這裡發生了什麼事呢？」想加入音樂的話，你可以問：「你覺得她在唱什麼？」「你覺得這個主角會喜歡什麼音樂？」
- 請接受任何的參與，就算他們只是發出無意義的雜音，也要有所回應。讓他們覺得被確認與接納。
- 所有的想法都是可被接受的，都能成為創意的跳板。
- 把評斷擺在一邊，也無須掌控，就享受這段旅程吧！

在創意說故事裡，失智症患者可以透過他們的想像，美麗的表達自己。卸除回憶的壓力，對於老人家而言能造成深層的影響，當他們自由說故事的時候，他們能改變周遭的人對他們的想法，他們不再是隱形人，他們現在是「說故事的人」。

——安．貝斯汀（Anne Basting）歲月流逝社團（Timeslips）

回顧

鼓勵親友帶照片來分享給照護者，對患者來說重要的人事時地物。回憶往事能夠將過去與現在連接起來，讓人產生一種自我價值，和自我的認同。回顧的主題可以包含兒童時期，求學時期，家庭生活，外出晚宴，女皇加冕典禮，戰後生活調適，配給時期，初戀，以及最愛的假日。

我常請他們去回憶以前準備要參加一個特別晚宴前，會如何打理自己。我請他們形容一下那些步驟，從洗頭髮到化妝，或擦髮油，我們還會整個流程走一遍。

——莎莉，照護者

給晚期失智症患者的建議

請記得盡量運用他們的五感。

請這麼做

- 刺激他們過去可能每天都會有的經驗。例如：把他們的腳放在水或沙子裡，看看是否引起一些過往回憶並跟你分享。
- 給他們可以玩弄的手籠，它是一種毛線勾出來的暖手筒，上面可以搭上蝴蝶結，大鈕釦，或不同觸感的布料。失智症患者喜歡拿在手裡揉揉捏捏，他們的手經常彷彿停不下來，需要一些東西來讓他們動動手指。溫暖的手籠也有安撫的效果，請上網找找圖案和製作說明。

你也可以試試

- 運用會震動或移動的裝置，按摩或碰觸式治療，讓他們坐搖椅，撫摸他們，手部按摩；
- 水上運動；
- 刺激觸感的毛毯，墊子，圍裙；
- 給予不同觸感的物品，粗糙或平滑，熱或冷，或是串珠和鈕釦；
- 在一碗米或豆子裡面找東西；
- 在一個雜物箱裡放一些有趣的物件，布料或是對他們來說特別有意義的東西；
- 寶物箱裡放幾個令人驚喜，料想不到的物品；

- 在帽子，手套，圍巾上做裝飾；
- 讓他們撕色紙，折衣服，纏繞毛線，製作拼貼；
- 製作回憶的盒子，放置過去的紀念品，舊遊戲，工具，照片；
- 洋娃娃和柔軟的玩具；
- 疊疊杯；
- 吹泡泡；
- 唱歌；
- 觀察自然的箱子，裡面可以放蛾，松果，樹皮，花瓣，種子，鳥的照片，或播放大自然的聲音；
- 製作聲效，聲音遊戲；
- 聞聞香草，或有香味的植物，洗手時用以前他們熟悉的肥皂；
- 給他們不同的懷舊食物，甜點，果醬等等。

製作感官墊子

將感官墊納入活動裡，可以舒緩人心，又能提振精神。你可以自己決定紓壓墊子的大小，請用魔鬼氈把墊子固定在桌子上。

先準備一塊強韌，鮮豔的棉質布料，像餐墊一般或是更大都可以，運用你的想像力：任何有趣且安全的東西都行，裝飾物必須要紮實的固定在布料上，以避免危險。

舉例來說，把一條拉鍊，幾個鈕釦縫在上面，一個口袋上有大鈕釦和鈕釦洞，可以練習扣鈕釦，幾條毛線（長約十八公分，練習編織）一條皮帶和扣環，一塊毛茸茸的布料或毛皮，一團毛線球，捏出聲音的玩具等等。柔軟的玩具，小袋子，大的彩色串珠，鑰匙圈也都可以。

訣竅

墊子可以很個人化的，例如，如果老人家以前是髮型設計師，放一些她可能會認得並喜歡摸的東西在上面，你也許因此想為她做條圍裙，綁個蝴蝶結在旁邊。我曾經在一家照護中心發現，他們把整塊桌布都做成了可以讓人觸碰玩弄的大墊子，鼓勵患者邊吃東西邊東摸西摸，增加樂趣。

請考慮

若老人家已經長期臥床，請設定一個活動計畫，能同時帶來喜悅，安慰，和刺激，讓老人可以有東西觀看，觸摸，試聞，聆聽。把外面的世界帶進老人的身邊。當他們的世界縮小到距離床鋪三尺內的小圈圈時，你就是他們的世界。所以，請你把握這個機會，為他們創造一些不同的體驗。準備一個小盒子，裡面放著不同材質的原料和物品，絨布，粗麻布，橘子，絲巾手帕，串珠。鼓勵每個人伸手碰觸，看看光用摸的能不能猜到物品是什麼，讓老人有機會聞聞各式各樣的香水或刮鬍膏，請他們回想一下自己以前喜歡的味道。

我一直相信，即便得了失智症，也不應該因此停止進行以前喜歡的事情。雖然我們有責任要照顧他們，確保他們安全，但是過度保護他們也不是辦法，我總是在尋找新的想法，跟他們一起嘗試。去年我去默西島（Mersea Island）上開著露營車度假，我一邊開就一邊在想，如何讓我的病人也可以一起享受這種旅行，六個月後（經過非常縝密的計畫），我們帶了四位患者來小度周末，短暫的回歸正常生活，呼吸來自海洋的空氣，對他們有無比美好的效果。

——喬．懷特浩斯

第六章
如何滿足情緒和精神上的需求

生命中最重要的三件事就是：
保持善心，保持善心，保持善心。

——泰瑞莎修女

對身為照護者的你來說，了解如何滿足被照護者情緒和精神的需求，是很有價值和意義的。你有機會能用最溫暖的方式來幫助他人。好的情緒照顧，跟醫療照護同等重要，自古以來，不管我們的宗教信仰是什麼，或者是沒有信仰，人類都希望事情能井然有序，我們會原諒他人，希望被傾聽，感覺安全，尋求平靜，渴望被接納，保有夢想，互相理解，這些需求到現今都越來越重要。

精神上的需求不只是跟宗教信仰和修行有關，它不是一個專門的活動，也不是牧師和精神導師的責任。它關乎於是否能夠開放自己，以滿足別人最深層的需求。對老人而言，靈性是很個人且重要的旅程，從「有所作為」到「單純存在」的旅程。靈性最簡單的解釋就是我們賦予生命的意義和目的。它代表的是我們與造物者，上帝，佛陀，至高的力量，偉大的靈魂之間的連結，我們跟我們自己，我們的情感，跟他人乃至於跟整個宇宙的關係，透過靈性來維繫。

> 靈性照護的起點是鼓勵人與人的接觸，互相關愛，隨著關係的建立，走到任何可能需要的方向。
>
> ——蘇格蘭國民健保署教育指導方針（NHS Scotland Education Guidelines）

發掘精神的需求

老人家精神上的需求被發現和尊重，對他們的生活品質而言，是很重要的一環。當我們在老人身邊服務的時候，應該要很溫柔地試著確認，他們對以下問題的回答。

- 當他們遇到困難的時候，有沒有任何的信仰支撐他們度過？你能不能給他們一些方便的管道，來接觸一些宗教的經文或音樂？
- 禱告或靜坐能幫助他們嗎？還是寫作能減低憂慮？你如何能協助他們，提供一個安靜的地方，一個地墊，還是一枝筆？
- 當他們覺得難以承受時，哪些朋友，家人，工作人員或宗教人物是他們想要尋求安慰的？你可以幫忙聯絡這些人嗎？
- 在過去痛苦的經驗裡，什麼幫助他們適應和忍耐？你現在能提供相同的解決方案嗎？可能是簡單的泡個熱水澡，一杯熱茶，聆聽莫札特，撫摸一個小動物，被人擁抱入睡等等……

全心全意地聆聽

全心全意，積極地聆聽，對於支持別人情緒和精神需求，是個很有力的工具。心中有遺憾，失落，未和解的困境或關係，都是壓力的來源。有些老人或許想要跟你一起來回顧這些事情。你只要聆聽，不用試著改變情況或處理問題，就是最好的幫助。只需接收老人家敘述的話語，老人可能自己在腦海裡已經解開了糾結，或是接受了一切。當你用心聆聽時，你會神奇的發現，你記得更多他們的事情，對他們也更有同理心。有時候，我們所要做的只是全然在那裡，這樣不只是對被照護者有用，也讓我們不受外界的干擾，使我們無法給予我們最溫暖，最關愛的照護。

過渡時期的情緒支援

身為照護者，我們需要付出時間，耐心，關愛，和理解來幫助他們適應轉換。搬進照護之家通常是在危機之後的決定，可能是歷經了生病，住院，親密夥伴或照護者的死亡，所以他們的情緒是很強烈的。住進照護中心的影響對每個老人都不盡相同，但無論如何，它都是一個巨大的變動和人生事件。這樣的改變會波及一個人的身體，精神和心理平衡。搬到一個安養之家，意味著不僅是個人的調適，還要開始適應其他的住戶。

我們一定要理解他們的焦慮，他們不能確信，自己是搬進一個相互支撐的溫暖社群，還是一個冰冷的機構，而他們即將在裡頭度過餘生。我們要明白，老人可能是很悲痛的，他們離開了親愛的家人，他們熟悉的房子，他們擁有的收藏，他們的寵物，他們害怕失去獨立，對於生活再也沒有自主權。

你如何能幫助他們

- 誠摯的歡迎他們來到這個新環境。首次的見面歡迎會是很重要的關鍵，讓他們感覺是被期待加入的，他們即將成為這個大家庭的一份子，請他們盡量安心，在這個地方，度過接下來的歲月。
- 幫助他們用個人化的方式裝飾自己的房間，聊聊他們的生命故事，對他們有更多的了解。
- 安排一個適合他們的朋友鄰居圈，尋找跟他們個性特質相近的員工和住戶。
- 帶他們熟悉照護之家的環境，格局，日常慣例，不斷的提醒和鼓勵他們，向他們確認，有無任何問題。
- 讓他們知道，通往戶外的管道，可能的話，他們隨時可以享受外面的環境，這樣可以幫助他們漸漸安頓下來，也讓他們對整個地方更有感覺。

- 把夜班的人員介紹給他們，晚上可能是他們一開始最脆弱的時候，會需要晚班人員的呵護。
- 鼓勵親戚朋友持續的探訪，花多點時間在中心陪伴，分享他們對親愛家人的理解。
- 請他們也參與照護中心裡的一些決定事項，畢竟，從現在開始，這就是**他們的家**。

請注意

最初幾個星期多打幾通電話給他們的親人，分享他們的近況，這對雙方都有莫大的益處。

漸入佳境

我每每詢問照護者，當他們有壓力的時候，或是一整天糟糕透頂的時候，他們會做什麼來讓自己開心一點，答案往往是：打電話給朋友，出去逛街買東西，帶狗散步，泡個熱水澡，喝杯小酒，跟小孩玩，抱抱先生，跑步，按摩，看個電影。然後我會再問他們，是否想過，被他們照顧的老年人，如果身處在「外面的世界」，會想做些什麼來讓自己心情好一點。然而現在，什麼能帶給他們安慰，他們能擁有多少自由，什麼能支撐他們呢？我會繼續解釋，我們一定要找尋方法，無論是多麼微不足道，來填補這些空缺，給予他們「情緒的解藥」。經常，這些訊息在照護計畫或互動裡是欠缺的。我談的不是他們喜歡或不喜歡什麼，而是一種老人的情緒藥膏，可以一而再，再而三的撫平他們的傷口。我們知道，他們會面臨痛苦，悲傷和寂寞，所以，讓我們盡己所能的幫助他們。

請試著找出

- 哪一種音樂能提振他們的精神？你可以把他放在iPlayer上隨時可播放嗎？你可以先聽一下然後和他們一起欣賞嗎？
- 他們最喜歡的香味或味道。他們可能覺得薰衣草，玫瑰，或忍冬的香味很愉悅，你可以噴一些在枕頭上或房間裡，當他們感覺落寞的時候，或許有點幫助，小小的改變可能有大大的效果。
- 他們過去是否喜歡在自然環境裡散步。你可以帶一些松果給他們把玩，或是送他們幾朵鮮花呢？或許你可以放張CD，聽聽來自森林的聲音。
- 他們過去喜歡看什麼電視，哪個喜劇讓他們開懷大笑？你可以找出來給他們看嗎？

- 他們是否正在想念那位不能陪在身旁的先生或太太，你可以找到他們的配偶，請他們錄一段打招呼的聲音，然後用iPlayer經常撥放呢？或者你可以安排他們視訊，並鼓勵親人來探望。
- 如果以前老人家心情不好，就喜歡去海邊走走的話，你可以帶一小桶沙子，讓他們用手玩沙子，或是放些海洋的音樂嗎？

為每一個被你照顧的老人，設計一份能鼓舞人心的行動計畫，或者你可以稱它為靈性的食譜。如何能提供安慰，在照護計畫裡應該被仔細地記錄下來，把深層的意義表達出來，以增加老人家情感和精神上的整體福祉。

理解被需要的感覺

請不要輕忽老人家感覺被需要的那種小確幸。生活有目的，有點成就感，對一個人精神上的啟發，是很有必要的。找一些方法，讓老人有機會也能幫忙「照顧」別人（不是當佣人！）。摺疊衣服，插花，擺餐盤，唸書，唱歌給其他人聽，在餐廳前台幫忙接待，都是他們可以參與的方式，讓他們覺得自己還有用。

情感和精神上的照護是一種雙向的過程，一方面可以讓老人和我們共享，透過他們的話語，洞見和行為，也可以引導我們。

有個照護中心裡的一位八十六歲老太太詹姆森曾經對我說，「現在我住在這個照護之家，我一直不習慣的就是不再像以前一樣的忙碌或被需要。」她接著說：「以前，別人有需要時，我都是第一個被想到的人，不論是幫忙看小孩，遛狗，義賣蛋糕等等，我現在失去那部分的自己了，我過去認識街上的每一個鄰居，在這裡我一個都不認識。我總是覺得很疲倦，已經快受不了了。那些早班的職員吵得要命，每天一進來就把我叫醒。」

我委婉的建議詹姆森太太設一個鬧鐘，在早班人員進來之前就把自己叫醒，這樣她可以像飯店接待員一樣跟他們一一打招呼，她聽了之後有點狐疑，但她後來不但試了，還愛上這種方式。她找到一種角色扮演，一個意義。員工也很喜歡被歡迎的感覺，詹姆森太太開始覺得她有責任要招呼員工來到「她的家」，而員工等於也被提醒，這個照護之家就是「她的家」，而且，其他的老人也是一樣，這點在照護中心忙碌的時候，可能很容易被遺忘。詹姆森太太開始熟悉每一個照護她的職員，結果，早起的詹姆森太太反而更加神采奕奕呢！

（改編自《照護的核心》）

提供情緒支援的祕訣

你可以經由以下的方式，幫助那些被你照護的人，維持他們的情緒健康：

- 運用他們現有的能力，鼓勵老年人享受生命；
- 鼓勵他們聊聊情緒和感受，希望和害怕；
- 支持他們內在的價值和信念，幫助他們調適；
- 建立關係，對他們有足夠的認識，才能帶給他們不同且有趣的一天；
- 認識那些對他們而言很重要的主題，符號象徵，宗教文化；
- 明白你自己的力量和限制；
- 當合適的時候，你可以尋求其他的支援，像是牧師，諮商師，家人或朋友。

請記得

注意你自己的情緒和精神需求，如果你覺得已經無能為力，向你信任的人請求幫忙，或是聯絡各種信仰的導師，以及其他互助網絡。

提供精神和信仰的支援

永遠不要強加你的信仰和價值在另一個人的身上，也不要試著勸說別人轉信你的宗教。一個老人應該能夠自由的以她的方式，表達她的信仰，如果老人家有很特定的信仰或靈性的理念，請你花點時間讀給他們聽，或是一起閱讀來自他們信仰體系聖書裡的章節。

找出他們最愛的詩句和禱告詞

有些失智症患者特別記得一些詩句和禱告詞，彷彿刻在他們腦海裡，一生受用。在他們混亂的世界裡，記憶漸失，想不起確切的字眼，能一起朗讀熟悉的詞句，對他們會有一種超越現實的感覺。請參考 www.verywell.com。

觀察他們的傳統和慣例

確保老人能夠參與他們想要的宗教儀式，不管是親自參加，還是在電視上觀看，在收音機和 iPlayer 上聆聽。有些失智症患者會很喜歡這種熟悉的儀式流程，但有些人卻因為接觸眾多人群，反而覺得緊張。在一年之中，不同信仰的人，會有不同的幾個重大節日和活動，如果可能，而且地點也合適的話，讓老人能在這些特殊的日子裡一起慶祝。

運用不同的試金石

在手中握住一些別具意義的東西，那種真實的觸感是很有力量的。握著一串上面有信仰標誌的項鍊，或是一本神聖的書，對某些人可能很有意義。或是握著一塊上面刻了平靜二字的光滑石頭，也都可以。

找出一些在他們信仰裡具有重要性的實質物品，能夠帶給他們安慰。一個孫子孫女們送的特別禮物，或是一個可愛的紀念性玩具，也都有同樣的效果。

感恩的力量

一路走來，你自己和被你照顧的人，可能都會經歷或多或少的憂鬱和低潮，在黑暗的時期，有個不用錢，不需要處方的安慰劑，就是學會深深的感恩。

練習感恩，讓我們有能力用一雙全新的眼睛看世界，讓我們欣賞和感謝我們自己，我們的同事，被我們照顧的人，他們正面的部分。所以，請跟老人家分享，今天你覺得值得被感謝的一件小事，也請他們同樣的想一下。可能小至一杯好喝的茶，床頭一束美麗的花，一個微笑，大至感謝整個宇宙。做這種練習可以滋養你們彼此，讓兩人有機會更深層的連結在一起，互相支持。你還可以考慮在你的中心每周設定一個感恩聚會，請每個人來分享給其他人，他們心懷感謝的事情。當聽到別人感恩知足的話語時，是一種豐富的養分，它也提醒了我們，還有太多的人與事，值得我們說聲謝謝。

提供一個情緒照護箱

寂寞，無聊，無助的感覺，會擊潰一個人的精神，尤其是那些虛弱，承受痛苦，罹患慢性病的人。當老人家不快樂或悲傷的時候，幫他們製作一個「情緒照護箱」，讓他們觸手可及，是一個很好的支援方式，也讓員工和親人比較容易搭起跟他們之間的橋樑。這個盒子或箱子裡可以放各式各樣的東西，以幫助不同需求的人。中心裡的每個單位，或每個樓層都應該要有一個這樣的箱子。可以放很個人化的東西，或是任何你覺得適合，能夠給予他們慰藉，讓他們安心的物品。用過以後的東西請務必替換。

可以放在情緒照護箱的東西如下：

- 舒緩的護手霜，可用來按摩手部；
- 一個CD撥放器或是iPod，收錄的都是放鬆的音樂，海洋或者小鳥的聲音等等；
- 一條溫暖且超級柔軟的毛毯；
- 一個可愛的玩具；
- 一些不同味道的香水；
- 可以撫摸的材質，像是絲絨物品，握起來很舒服；

- 繽紛的塗色本和筆；
- 幾首啟發思想，振奮人心的詩歌；
- 有趣的篇章；
- 一本聖經，可蘭經，或其他不同宗教的書籍；
- 自我成長的書；
- 旅遊日記；
- 祈禱的串珠；
- 天使，聖人，佛陀的照片；
- 喜劇的錄音；
- 重量級的毛毯，包巾，或放在大腿上的墊子。

重磅毛毯的好處

重磅的毛毯，包巾或放在大腿上的墊子，可以讓自閉症的人不靠藥物，就能夠減輕壓力與不安，而對失智症老人也有特別好的效果。一條重磅的毯子或一件外套，是一種安全又具有療效的解決方法，它可以幫助身體感覺安穩，讓人一夜好眠。深度的觸碰感能夠輔助身體放鬆，幾乎像是一個深深的擁抱，給人帶來安全感，覺得踏實又穩定。抖動難安的雙腿，可以靠它平靜下來，對躁動者其他的症狀也有緩解的作用，阿茲海默症和帕金森症患者都能因而獲得改善。

你可以跟照護中心一起製作重磅毛毯，當作是一個有創造性的，建設性的活動。在Youtube上可以找到教學方式，也很容易買得到。

慈悲為良藥

在照護裡，慈悲無疑是最值得分享的禮物。

練習

身為照護者，請思考一下什麼價值觀能幫助你，做為別人情感和精神上需求的後盾。為了讓你能找出你的核心價值，請看看你對以下列出的詞彙哪些最有共鳴：接納，欣賞，平衡，博愛，清楚，居中，承諾，關愛，合作，勇氣，可靠，尊嚴，熱情，原諒，彈性，大方，感恩，誠實，希望，幽默，啟發，正直，慈悲，愛，忠誠，公開，耐心，和平，尊重，責任，容忍，信任，智慧。

試著請被你照護的人也找到他們重視的價值，可以透露出很多關於這個人的訊息，當危機出現，壓力升高時，我們可以提醒彼此，繼續忠於我們的價值觀。

（改編自《照護的核心》）

提升情感和精神層面福祉的檢查清單

- 幫助他們開啟自己的想像力和創造力，持續學習新的事物；
- 幫助他們維持和發展自己的幽默感；
- 幫助他們尋找一些盼望的事情，無論是多小或多不切實際；
- 幫助他們有歸屬感，讓他們覺得參與是有價值的；
- 讓他們感覺被需要；
- 幫助他們表達自己的感受；
- 幫助他們找到希望；

- 幫助他們達到平靜；
- 幫助他們感覺被愛，他們的一生，活得值得。

請記得

我們每個人都能發揮作用，無論是多小或多大的作用，重要的是，我們播下了尊嚴和關愛的種子，而且，我們有勇氣去嘗試。

第七章

如何實踐
關愛的臨終照護

照護臨終者是一個神聖的工作。死亡不應該是個避而不談的話題，相反的，我們應該相互扶持，引導彼此走完這個過程。在一個人生命的尾聲，他會記得的是大家所給予的關愛，在照護裡的愛與關懷，才是支撐我們的力量。

——《照護的核心》

直到二十世紀中期，多數的人都是在家中過世，身旁圍繞著家人與好友。死亡，是一個每天都會面對的事實，然而，隨著時間的演進，「西方世界」跟死亡的關係開始有了很大的變化。我們越來越長壽，而且大多的老人臨終時不是在家，是在醫院，安寧病房，或安養中心死去。

身為照護者，為了陪伴老人度過人生的最後階段，我們需要盡可能的維持他們最好的生命品質。我們要努力的減低他們的痛苦，無論是身體的，心理的，還是精神的痛苦。我們應該支持他們享有一個充滿愛的，有尊嚴的，平靜的死亡。讓我們關注那些生命即將結束，風燭殘年的老人，他們值得我們的照顧與關愛，就如同我們會呵護生命之初，哇哇落地的小嬰兒一般。我們整個社會，可以視老人為負擔，亦或是一個可以重新啟發我們人性的機會，我們可以共享我們最好的特質，那就是給予和接受愛。

我們很重視生產時的陪伴，同樣的，我們也應該重視死亡時的陪伴。在臨終時期，你溫柔且關愛的支持，對他們來說，真的意義非凡。

請考慮

當你與一位處於生命末期的老人互動時，請問問你自己，即便他們看起來已經回天乏術，如果你知道他們其實看得到，聽得到，感覺得到所有你為他們做的事情，你的做事方法會不會有所改變。你會不會調整你的行為？在我們照顧臨終者時，請經常思考這個問題，用來提醒你專注，尊敬，敏感，而且溫暖。

支持臨終尊嚴

- 當身體的能力各方面日漸消退時，許多老人會開始煩惱失去自我的控制和尊嚴。身為照護者，我們應該認清，沒有所謂「對」或「錯」的方式死亡，可是每個人都有權利尊嚴的死去。
- 確保有效的運用疼痛管理。痛楚很快地可以讓一個人的尊嚴消失殆盡。
- 確保他們對於自己死亡的過程有發言權。
- 關注情感和精神上的痛苦。
- 尊重他們的隱私，在個人照護上注重敏感細心。
- 尊重他們原本的個體。
- 幫助他們感受到他人情感的連結。
- 協助他們處理個人事務。

- 提供靈性支持的管道。
- 在他們臨終的過程裡，當他們感覺一切都漸漸失控時，請維持他們的獨立，選擇和控制權。
- 當討論敏感話題，或是必須傳達壞消息時，請注意周遭的環境。這些對話應該盡量不被別人聽到，所以請選擇一個安靜的房間，一個信仰室，或是他們自己的房間，沒有其他人在場，除非他們希望如此。
- 請記得他們的死亡是非常個人的經驗，受到他們信仰體系和個人歷程的影響，請務必尊重。
- 請依照他們的願望，讓他們好好活著，也好好死去。

討論臨終願望

請準備開始跟老人進行臨終願望的討論，以面對不久的未來。很重要的，這些對話要保有他們的尊嚴，給予他們尊重。首先，得到他們的允許，才能開始討論，談論死亡確實不容易，但在老人意識仍然清晰，能夠跟我們分享他們的願望時，釐清他們的想法是很重要的。記憶喪失和失智會讓這些對話難以進行，所以事先計畫很有必要。（請參考 www.aplaceformom.com）

有些時候，第一次跟老人接觸這個話題時，老人會非常抗拒，但請不要害怕，再找時間試看看，或找親友在的時候一起討論。關於供給水分，呼吸支撐，和其他介入的方式，都應該遵循老人事先的要求和意願。

根據國家安寧與舒緩療護組織（National Hospice and Palliative Care Organization）的建議，當跟老人進行敏感的對話時，很重要的是當個好的聆聽者。老人應決定談話的速度，他們應該被問及幾個重要的問題，他們想要何種醫療處理，他們死亡的前夕希望可以發生什麼事，包括靈性上的安排，在哪裡往生等。請參考www.caringinfo.org。

你可以考慮詢問以下的問題：

- 你希望誰能在你身邊陪伴？
- 有沒有任何人是你不希望在場的？
- 你害怕的是什麼？
- 我們如何能幫助你面對懼怕？
- 在最後的時刻，你想放什麼你最愛的音樂嗎？會是哪些呢？
- 你精神上的需求是什麼？
- 你喜歡什麼儀式或禱告方式？

- 你希望有位宗教人士在旁嗎？
- 你想要有人握住你的雙手嗎？
- 你希望被觸摸，或被按摩嗎？你身上的哪些部分，是你不要別人觸碰的？
- 你希望最後要上妝嗎？
- 你想要穿哪一件衣服？
- 如果進了醫院，你希望被急救或給予抗生素嗎？
- 哪裡是你理想中死去的地方？

請閱讀如何照料你所愛的親人的章節。

用關愛行動

關愛的照護包含了慈悲，耐心，尊重，慷慨，和無條件的愛。關愛的特質和同理心可以改造我們自己和他人，讓我們得以將照護當成是我們的職志，我們漸漸不再害怕，用我們的心與他們連結。當我們以悲憫和關愛行動時，我們的行為會更有效果，我們不會做出不恰當的事情，從我們提倡的溫柔與互相理解中，我們為別人帶來一線光明。

伊莉莎白・庫伯勒－羅斯博士（Dr. Elizabeth Kubler-Ross）在瀕死的研究上是位先驅，她也寫過幾本關於死亡和幫助臨終者的書籍。她發展了一套分析，將悲傷過程分為幾個階段，對於這個領域很有影響力。在Youtube上也可以找到很多她的影音。她相信，如果一個人把愛給出去，經過反射，這份愛終究會回到她自己的身上。這就像是在黑暗的時間地點裡，你打開了一盞燈一樣。「可能是在一個垂死的病人房間，在哈林（Harlem）貧民區的角落，或是在你自己的家裡。」

> 用關愛行動，能讓那些被照護者的心重新溫暖起來，也鋪好一條我們自己的療癒之路，讓我們更加了解自己。
>
> ——亞曼達・衛爾寧

關愛照護的祕訣

- 當然，臨終者需要適當的，身體上的疼痛管理，但他們也需要被聽見，呵護，理解，接納，與他人保持關係，並在情感上感覺安全。
- 許多老人可能害怕成為負擔，但同時又害怕被遺棄，即便老人不再能說話或微笑，他們想要有人陪的渴望一直都在，老人們或許已經不認得你，但是你的觸摸，你的聲音，都會帶來安慰，甚至，你所說的話他們也都明白。

♥ 跟他們輕聲說話，溫柔地告訴他們你是誰，你現在要做什麼，或誰要來探望他們。讓他們知道你什麼時候要離開，為什麼離開，你何時會再回來。多數老年人可能不太能回應了，但他們仍然聽得見，所以請跟他們說話，就當作他們有在聽。據說佛陀曾經提到這種覺知：「謹慎選擇我們口中說出去的話語，說者無論有意無意，聽者都會受到影響。」

♥ 當在夜間照護老人時，離開前請祈禱老人能夠一夜好眠，或是祝福他們有個平安的夜晚，你的話也許就是他們聽到的最後一句話，所以請讓話語是正面且溫馨的。

♥ 保持冷靜和專注，製造一種寧靜的氣氛，用感官的經驗來溝通，例如輕輕觸摸或歌唱，老人會覺得很安心。

♥ 帶寵物或是受過訓練的療癒動物來跟老人見面，可以讓老人開心一點，即便是最虛弱的老人，都能感到平靜。

♥ 在老人的四周放滿照片和紀念品，唸他們珍愛的書給他們聽，放音樂，替他們手部按摩，一起回憶，回顧往事。

♥ 一直到生命的最後一刻，都要保持他們的尊嚴和舒適。

♥ 老人可能會昏昏沉沉，所以請在他們最清醒的時候，安排他人訪視和活動。

♥ 允許他們表達他們的情緒，不管你的立意多麼的良善，請不要馬上介入，告訴他們不要哭泣，不要難過，或是不可以生氣。情緒必須被表達出來，情緒和身體的修復才能真正發生，過濾或阻止真情流露，反而造成他們的傷害。正確的方式是用關愛與同理心，肯定他們的情緒，即使你無法為他們的情況提出解決的辦法，你可以用你知道的方法，給予他們安慰。可能是音樂，一個擁抱，一杯熱茶（或是稍微強烈一點的東西）。

- 他們對吃吃喝喝可能都沒有興趣，但可以讓食物有趣一點，而不是只是維持生命的工具！讓老人選擇吃什麼喝什麼，何時要進食，冰塊，水，果汁都可以，如果他們還能吞嚥的話，保持他們嘴巴和嘴唇濕潤，請用像是甘油抹棒或護唇膏的產品。
- 請預期他們會有突發性的疼痛，一發現老人顯現痛苦的跡象時，請盡快處理。

生命的呼吸

如果呼吸逐漸困難，我們能做的或許是幫老人的身體轉向側邊，枕頭放在頭的下面，背的後方。一個清涼的潮濕器也可能有用。評估他們的呼吸，讓我們或多或少能夠理解，他們的感受是如何，即便他們已經完全不能言語。請別低估呼吸的力量，它能安定，修復，和淨化我們的身體。

面對一位苦痛的長者，你能夠與他相連的方式，或許是調整自己的呼吸，順著他們的節奏，保持眼神的接觸，一旦建立了連結，你的呼吸漸漸符合他們的韻律和深淺時，你可以更緩慢的呼吸，進入一種平和的狀態。經常，這樣的連接和放慢，讓老人也會配合你的呼吸，變得更加平靜，可說是有潛移默化的作用。試著做這樣的實驗，也是一種溝通的技巧，對於長日將盡，或深陷痛楚的人而言，都很有幫助。想了解更多呼吸的訣竅，請搜尋www.holotropic.com.

> 我想要學習一些呼吸的技巧，因為我現在很焦慮，害怕自己到最後喘不過氣，我看過我媽當時掙扎的樣子，那個情景在我腦中一直揮之不去。
>
> ——泰瑞莎，照護者

臨終階段身體照護的訣竅

到了最後，老人可能大小便都失禁了，所以請盡量保持他們的清潔，乾爽和舒適。在老人的身子底下鋪好可替換的保潔墊，一旦髒汙了就要定期更換。老人維持身體的衛生是很重要的，他們會覺得舒服許多，也較不易被感染。

清洗

- 對於痠痛的地方特別輕柔；

- 徹底將肥皂沖乾淨，溫柔擦乾身體；
- 確保清洗的時候經常換水；。
- 用保濕的乳液輕擦他們的雙腳；
- 如果老人不想洗，請用濕巾。

口腔清理

很多臨終者會有口腔的問題，可能是發炎潰爛，牙齦流血，口水過多，和口味變異。為了舒緩乾燥的嘴巴，可以用冰塊，冷凍水果，檸檬水或氣泡水。不加糖的罐頭鳳梨也可以，如果老人的口腔痠痛，請用柔軟的嬰兒牙刷，沾上一點點的牙膏，薄荷和含氟牙膏都太強烈了，試試茴香和金盞花口味。

臨終階段情緒照護的訣竅

身為一個照護者，你可以用很多方式提供情緒的安慰，但你能夠給予臨終者最好的禮物就是聆聽。你有時候會覺得這種情緒的親密感讓你招架不住，但請你慢慢呼吸，讓自己冷靜下來，從心開始傾聽。

請這麼做

- 請了解憤怒是臨終階段常有的反應，小心他們可能會吼叫，有攻擊傾向，或是充滿敵意，但請允許老人表達他們對死亡的恐懼，有時候可能會伴隨一波又一波的罪惡感，悲傷，責罵，苛刻，失落，和無助的感覺。請敞開你的心，積極地聆聽，確認你準備好，隨時請專業人員，諮商師，牧師來幫忙。請詢問他們，是否想找特定的人來談談他們的懼怕。
- 請明白當他們接受越來越多的舒緩療護時，他們的依賴感也越來越強。老人對於自己的無能會難以接受，對於私密的換洗也覺得丟臉，請向他們確認你與他們同在，你不會評斷他們。在討論身體功能的喪失和後果時，請特別的小心敏感。
- 請理解當他們身處痛苦與不適時，他們是很害怕的。請向他們確認，疼痛是會被處理的，你不會讓他們痛到不可抑制。確保你有正確的醫藥，也預先準備好迎接突發的劇痛。
- 請明白跟他們聊聊過去，是個很好的方法。讓老人換個角度，看看他們的一生，和死亡的過程。

精神照護的訣竅

- 永遠不要強加自己的信仰和信念在另一人的身上。

- 永遠要尊重另一人的精神／宗教信條。
- 你也許可以找找一些符合臨終者傳統的祈禱詞，可能包括聖歌，詩篇，或來自聖書裡的片段。
- 詢問老人家，在他們往生之前，是否想舉行任何的宗教儀式或慣例？
- 他們想要唱歌，唸誦，大聲讀詩或禱告嗎？某些傳統在這種時刻會打鼓或敲鐘，大自然的聲音也是很療癒的。
- 在死亡的腳步接近時，他們想要被抹上油嗎？或是接受其他的治療或修復？
- 他們希望誰在身邊？或不希望誰在身邊？

請注意

請提供足夠的機會，繼續豐富他們的情感和靈性，只要他們仍有一口氣，他們就仍有感情，仍在成長，仍需要愛。不要太專注在他們的死去，而忘記了他們仍然活著。愉悅，愛，驚喜與樂趣都是很好的禮物，請和他們分享，啟發他們。

我想要有所期待，
我希望照護我的人，支持我的信仰，
我想要開心的笑，偶有驚喜，
我不希望照護我的人，摧毀我的夢想，
我也許即將死去，但我仍愛吃冰淇淋。

——黑瑟，八十八歲老太太

有一次我伴隨著我的同事，去拜訪一間安寧中心，他是他們的顧問，中心的人員正好為了一位臨終的火車駕駛而苦惱，老人家一輩子是商業工會的成員，他對於自己的行將就木煩得要命，不肯面對，員工們覺得很挫敗，試了很多方法都不能讓他安靜的接受事實；我建議說，他之所以不想走上死亡的道路，就像他活著的時候一樣——他一生都是個戰士，即便被逼到角落，也不肯放棄，他想忠於自己，不是旁人努不努力的問題。

——芭芭拉．迪恩理（Barbara Dearnley）退休護士

保持連結

我們需要了解，維持關係，建立連結是很重要的，鼓勵朋友和家人製作簡易的相簿，把新

與舊的記憶都留存在裡面，寫下一些懷念的往事或經驗，讓臨終者知道，他形塑了他們的生活，啟發了他們的人生。當他孤單的時候，或覺得人生毫無意義的時候，你可以用相簿來跟他再三回顧。

你可以參考 storylane.com 或是 storycorps.org 的網站，親友們可用來上傳回憶和家族故事，試試 thinkingofyou.com 這個網站，可以在上面分享感恩的故事，用書寫或影音的方式都可。或用 voicequilt.com 的網站來邀請親友錄下訊息，放在它的免費語音系統上，老人家可上網聆聽這些留言。

音樂即是良藥

我們人類的身體就像是天生的樂器，我們的心跳，提供給我們一種神聖的韻律，聲音具有修復的力量，與和諧的功能，這是早有紀錄的，而特別針對臨終所設計的現場音樂，也稱為音樂死亡學，可以振奮和鼓舞人心，緩解和減低疼痛症狀。在病床旁邊現場的豎琴演奏，對於老人有直接且深層的效果（即便他們已經失去意識），這是你能給予被你照護的老人，一份美好的禮物。想要了解更多資訊，請搜尋 www.apmt.org 或是 www.bsmt.org。

一起歌唱也能創造一種奇妙的情誼，無論是歡唱，唱搖籃歌，唱聖歌，或任何形式的歌，都能給人啟發，帶來安慰。聆聽不同的音樂也可以製造一種平靜或喜悅，或其他合適的氛圍，以滿足被你照顧的人情感上的需求。你可以是他們精神上的DJ，在iPad或其他裝置上為他們整理好一套音樂播放。

留下遺愛

在生命終將結束之前，許多老人會想要回顧他們一生的故事，以及他們如何走過這趟旅程，他們需要感覺到他們的生命，具有意義。很重要的，你應該帶著同理心，仔細傾聽。在這些對話中，你可以問他們，他們覺得自己最驕傲的地方是哪裡，最有成就的事情是什麼。你可以問問，他們從生命裡學到的功課有哪些，是否想傳達給你和其他人。他們也許希望為他們所愛的人留下些什麼：原則；建議；甚至是給家人的指示，以幫助他們預備未來。他們或許想留下某種有創意的紀念物品，你可以從旁協助他們，製作他們的遺留物，以下是一些可以參考的點子：

- 附照片的項鍊墜飾；
- 一本日記；

- 一個紀念盒；
- 設計一本食譜；
- 製作一份錄音檔，像是讀一些童謠給孫子孫女聽；
- 創作一本書，裡面有他們的人生智慧，他們最喜歡的笑話，和他們最快樂的回憶；
- 一本剪貼簿，放上他們過年過節時喜愛的照片和紀念品；
- 製作數位的投影片，照片，或其他集錦；
- 錄製或創作歌曲；
- 他們寫的詩詞，或是他們朗誦自己喜愛詩詞的錄音；
- 他們的畫作，描繪，草稿，插圖；
- 製作刺繡的枕頭，或是書籤；
- 他們雙手的石膏模型；
- 一種戒指，上面有他們的指紋；
- 他們親手彩繪的短袖衫或圍巾。

你可以運用 storylane.com 或 storycorps.org 來創作數位的遺留物。

原諒與搭建橋樑

當死亡的腳步接近時，有一種深層的需求會越來越迫切，那就是面對與解決過去糾結的問題，尤其是家人之間的問題。身為一個照護者，你能為他們做的最重要的事之一，就是找到機會來修復破碎的或錯中複雜的關係。當老人的生命危在旦夕時，他們的種種後悔，當時該怎麼做，當時要是怎麼做就好等等悔不當初的念頭，會突然的全部冒出來，溫柔的同理心，高度情商的技巧是很有必要的，才能引導他們，爬出自責，罪惡感和強烈失落感的泥沼。

隨著死亡的逼近，老人家也許會透露過去的祕密，試圖尋求原諒。他們可能想見見某人，在還來得及的時候，希望和解。如果請某人來到床旁已經是不可能的事情，那麼你可以幫忙老人家，錄下一段訊息，然後想辦法送到對方那邊。悲痛最常見的原因之一，就是我們在某人死前沒有機會告訴他我們愛他，或沒辦法聽到他也愛我們的心聲。請利用Skype視訊，影音，信件，電子郵件的方式，給予雙方機會。幫助老人更平安的死去，請盡量讓他們與所愛的人連結。

失智症老人的臨終照護

在這個階段，老人已經終日臥床，仰賴你進行所有的個人照護。他們需要你幫他們發聲，關心和注意他們身體和心理的需求。即便是已經踏上最後一程的失智老人，跟他們有意義的互動仍是可能的，經由感官的接觸和活動，盡管他們無法說出對你的感謝，你帶給他們的益處是顯著的。

- 試著幫他們做手部和腳部的按摩，溫柔的觸摸，可以幫助他們放鬆。
- 輕輕地幫他們梳頭或整理頭髮，動作要非常的緩慢，讓他們感覺舒服。
- 隨著音樂，稍微動動他們的手臂和腿部，保持他們四肢仍有彈性。
- 在枕頭上噴點他們喜歡的味道，以讓氛圍清新，或是帶一束芬芳撲鼻，盛開的花朵到房間，還可以燃起溫暖的肉桂，松樹氣味的冬日蠟燭。
- 帶一些意外驚喜到他們的空間，吹一些泡泡，戴一頂奇特的帽子，用小小的幽默跟他們連結。
- 讀一個他們喜歡的故事給他們聽，或是他們最愛的詩，來自他們親愛家人的信或電郵，唱首搖籃曲。
- 播放小鳥歌唱的錄音或他們喜歡的音樂給他們聽。
- 確定太陽不要直接曬到他們的臉上。
- 將燈光調弱，考慮帶一盞充電的，會變色的燭光燈到房間。

♥ 整天提供營養補充和飲料，持續的供應水分能夠減少，有時候甚至完全解除尿道發炎。

♥ 你可能聽不懂他們在說什麼，或是他們到底要什麼，然而不少研究顯示，有些嚴重失智的人，會忽然變得非常清醒，還一一跟周遭的人道別，或是完整的敘述，他們見到了死去的親人，所以請不要輕忽他們，以為只是胡言亂語。

當我罹患阿茲海默症的爸爸臨終的時候，他有一天卻像完全康復似的腦筋清楚，我們可以跟他說所有我們想說的話，實在是太驚訝，太美好的奇蹟，我覺得我終於可以準備好，往前邁進。

——阿比吉兒，照護者

疼痛管理

管理疼痛與不適，需要經常的查看和評估微妙的，非語言的跡象。些微的行為改變，都在顯示未滿足的需求。將觀察到的現象，時間和事件寫下來，對於理解老人的疼痛狀態，是很好的線索，確保這樣的疼痛評估表是隨時更新的，如果病人的痛苦很明顯地增強了，請不要遲疑，馬上報告給相關人士，晚一點再寫進表格裡。

跟老人緊密的在一起，不要隨意的留他們在房間裡，只因為他們看起來「好像沒事」。他們仍需要你的全然關注，否則可能為時已晚。輕柔緩和的碰觸，按摩，音樂，香味和聲音，都可以降低他們的疼痛。你可以嘗試不同的方式，然後觀察老人的反應。

我站在他的房間門外，聽到他們幫他更換時，他慘痛的嘶吼，我要求他們增加一些嗎啡的劑量，但他們告訴我，那會導致他進入半昏迷狀態，我實在不知道這怎麼會是問題，他們似乎不理解，他們應該要把我爸爸當成一個臨終之人來照料，而不是一個有希望復原的人，你連對動物都不至於如此，放任它們痛苦哀號。這件事讓我心很痛。

——大衛，照護者

請準備好

確認親友了解，若在生命末期使用強烈的止痛藥物，他們所愛的親人會進入昏迷狀態，因此，任何重要的對話，應該在事先進行，很多時候，因為溝通不良，導致親友陷入沉痛的悲傷，他們失去了說聲再見的機會。

支持親友

給予家人和親友善體人意的支持。失智者的親友，目睹了他們親愛的長者，在生死間徘徊，他們數次準備好放手，但又不捨，他們自己也身心俱疲。許多親友對於治療處理，安置，醫療介入，這些困難的問題，感覺天人交戰，他們還要忍受失去和罪惡感的折磨。請溫柔對待，對親友保持禮貌，明白他們的苦痛，詢問有什麼需要幫忙的地方。對於拒絕治療的長者和親人，也請尊重他們的權益。

瀕死的經驗

我們要給予被照護者一些空間，來分享他們「不可置信」的經驗。可能包括看到天使，彩色的球體，死去的愛人或寵物等等。他們也許會說這些幻影來迎接他們了，或是來幫他們離開這個世界，如果這麼說帶給他們安慰和力量，請認同他們，替他們感到高興。告訴他們，雖然你看不到他們說的景象，但你知道他們心裡感到安定，你也覺得很有意義。把所有的偏見和懷疑放在一邊，真誠的聆聽。你可以問一些問題，以幫助他們：「他／她長什麼樣子呢？」；「有多少人來看你了？」；「他們說些什麼？」；「它像什麼？它給你什麼感覺？」請不要對這些虛無飄渺的經驗嗤之以鼻，因為對他們而言，都非常的真實。

當我外婆即將往生的時候，她不斷的在四處看到彩色的亮光，然而不近人情的員工卻告訴她，四周什麼都沒有，只是她眼花了，這讓我外婆感到很害怕，她擔心自己是不是死前發瘋了，一直都無法安心。看到光景，跟藥物所引起的幻覺，是有明顯的差別的。幻覺可能包括看到壁紙在移動，蟲子爬到牆上，地板在晃動，和怪異生物在走動。如果老人看到這些景象，她可能會發抖，或是緊抓著床單。一旦產生這些不正常的幻象，請盡快告知院方，調整用藥，以幫助他們放鬆，避免失控。

相反的，臨終前的靈性經驗，大多數是帶給他們平靜和安詳的。研究曾經顯示，生前看到的光景和夢境，對瀕死者有深層的影響，能真正幫助他們，安然度過死亡的過程。他們也許會說到另一個世界的景象，或是踏上一段新的旅程，或是把頭轉向窗外，似乎有一種奇妙而喜悅的感覺。

喔哇，喔哇，喔哇。

——最後的話，史提夫．賈伯斯，蘋果電腦執行長

許多體驗過瀕死經驗的人，都形容那是個美麗，舒服又毫無牽掛的經歷。生死奧祕，難以理解，請給予他們空間，不做評斷或試圖修正。我們沒有資格來判定，哪些是真實還是幻想，

誰知道當輪到我們的時候，我們會看到什麼，感受到什麼。

與臨終者同在

我從八歲開始，就已經陪伴過無數臨終者，當時外婆常帶著我，在醫院裡做義工，在絕症者的病床前，為他們歌唱。即便年紀很小，我似乎就能理解病人需要的是什麼，不管是聲音，歌曲，還是握住他們的手。彷彿我曾經做過這些事，感覺很熟悉，一點兒也不害怕。到了青少年時期，我定期去皇家醫院（Royal Hospital）和當時稱為絕症之家（Home for Incurables）那裡唱歌，還有其他的照護中心，希望用歌聲帶給老人安慰和平靜。從二十幾歲開始，我接受了很多訓練，包含薩滿教的開示，凱爾特（Celtic）的方式，夏威夷的療癒方法，佛教的靜坐，美國原住民的生命儀式等，來協助臨終者走完過程。當我成為安寧人員，或是靈魂陪伴師時，我很自然的就會運用各種知識，以扮演好我的角色。我很榮幸能從事這樣的工作。如何支持即將離世的人，我將在這個章節裡，分享一些我用過方法。

在全世界有許多不同的團體，對於陪伴，看顧臨終者，都有自己特定的傳統習俗。這也被統稱為守靈 Vigil，每一個人的死亡都是獨特的，因此，陪伴臨終者的主要目的，是尊重這個生命過程，我們給予臨終者全然的關注，溫柔和照顧，滋養他們的心靈。如果可能的話，請敞開心胸，與臨終者同在，跟他們共享這段旅程，它可能成為我們最豐富的人生經驗之一。

> 我覺得對照護者來說，最困難的一件事就是同在，不需要處理什麼，改變什麼，或是想要隨著時間的移動而為病人做點什麼，他們才會覺得心安。
>
> ——莎莉

身為照護者，當你有機會坐在臨終者身旁時，你可以帶給他們平安與關愛，只要你允許自己。即便你只有十分鐘的空檔，都可能是段神聖的時光。永遠要先介紹自己，在離開之前也要說一聲。記得他們的聽覺可能一直都在，所以千萬不要假設，他們聽不到你說的話。強烈的肢體接觸可能對他們太痛苦，或是太冒犯了，所以最好是坐在床邊，輕握著他們的手，或是輕輕地拍拍他們，即使臨終者已經昏迷或半昏迷，他們可能仍然會微微的動一下拇指，做為回應。

在這段時間，你也可以幫他們創造一個安全，不受打擾的，美麗的空間。如果你願意，你可以每次進出時都替這個空間祝福，我會說或唱出我寫下的字句，以替臨終者建立一個神聖的空間，我會安排一個特別安靜的地方，因為經常到最後，房間是吵雜的，有可能是員工的呼叫器響了，人員彼此在講話，別的病人哭泣聲，或是醫療器材的雜音。如果有人能跟他們說話，唱歌給他們聽，反而讓他們安心，感覺受到保護，也比較平靜。

靠著你的恩典，
你創造了這個神聖的地方
靠著你的恩典，你完成了。
靠著你的恩典，
你創造了這個神聖的地方
靠著你的恩典，你完成了。
喔　謝謝你　喔　謝謝你
喔　謝謝你　喔　謝謝你
靠著你的恩典　我們合而為一，
或者
靠著你的恩典，一切都已足夠。

——亞曼達．衛爾寧

如果你需要的話，可以找到我吟唱以上的詩句，或是其他我唱的歌曲和我的靜坐錄音。我的CD《我在你身旁》（I Am Near You）收錄了放鬆的弦律和話語，能幫助臨終者平靜，鼓勵他們，為他們祈禱。（請上網搜尋 amandawaring.com 和 amandawaringevents.com）

創造一個安詳的環境

將燈光調到柔和，或是用一盞充電的蠟燭，或是仙女燈。不要讓太陽光直接照在他們的臉和眼睛，放一些他們喜歡的曲子，或請音樂死亡學家來現場彈奏音樂，以製造安詳平和的氣氛。考慮朗讀一段靈性的詩篇，或是宗教的經文，對臨終者是有意義的。如果合適的話，請牧師，教區牧師，神父，或其他神職人員來進行臨終禱告。

也許病人的床要移動一下位置，讓他們看得到天空或是自然。你可以考慮在窗邊掛上風鈴或彩虹亮片，一個餵鳥器也能增添樂趣和自然的感覺。

讓房間盡量聞起來芬芳，可以使用一種擴香瓶，芳香精油，或是買一束鮮花。你可以噴些他們喜歡的味道在枕頭上，或是在房間裡灑點芳香噴霧。據說我們的情緒，有將近百分之七十五，由嗅覺而產生，所以，細心的運用香氣，可以讓周遭的氛圍平和，清新與寧靜。然而，請注意有些臨終者對氣味極為敏感，如果有任何負面的反應，請盡快停止使用香氛。

試著改善環境裡沉悶的感覺，或是醫院冰冷的氣息，放一條美麗的毛毯在他們的床上，增加色彩，風格和舒適。擺出他們所愛的人照片，或是適合他們宗教的人物雕像，你也可以考慮為他們設置神壇。

當某人走在死亡的道路上

這經常是個緩慢而溫和的拆解過程，幾乎像是生產前的陣痛。

——費麗絲提．沃納（Felicity Warner），
靈魂接生員（Soul Midwives）運動的創始者和作者

從情緒的角度來看，臨終過程可能分成三個階段，最初是感受到情緒的混亂，當一個人理解到死神已經一步步的逼近時，接下來他會產生抗拒，想要奮力一搏，但終究會放棄，然後開始接受不可避免的結果。最後，一股喜悅，甚至是幸福感油然而生，短暫而美好，直到結束。有一些跡象，可以幫助我們了解，某人是身處於哪一個階段。

- 身體上起了一些變化，牙齒開始變色，或是出現黑漬。此人的身形會縮減，皮膚似乎跟紙一樣的薄。
- 漸漸的會不想要說話，跟人互動，也不願意離開病床。
- 他們可能會更常打呵欠，即便已經毫無意識，這是一種自然的反應，讓更多的氧氣可以進入體內。

- 他們可能會想跟照護者和親友表達感謝，準備最後一次說再見。
- 他們可能不想讓太多的親朋好友探訪，只想要一兩個人在身邊。
- 他們可能覺得越來越難受，經常要求幫忙調整姿勢，或抱怨枕頭不舒服，可能覺得房間不是太冷就是太熱，對噪音也更加敏感。
- 他們會開始喃喃自語，想伸手拿一些看不到的東西，會笑，會抽搐，身體突然抽動，或者大哭。
- 他們可能感覺喉嚨或胸腔裡有很多液體，所以會發出一種難聽的聲音，俗稱死亡的嘎嘎聲，臨終者本身並不會感覺不適。
- 他們會開始講到「離開」或是準備上路了。
- 他們會感覺害怕，或者想跟你講一些過去的祕密，希望尋求原諒。

安撫懼怕

病人親屬經常跟我說：「我告訴我媽，不要跟我談她的死，我實在無法承受，好像說了就會不吉利，她會更快的死去。」如果這樣的話，老人家該怎麼面對自己的擔心和害怕呢？你也可能像他們一樣。請允許自己，坦誠相見，先找到方法安撫自己對死亡的懼怕，你才能幫助他人。你可以用軟性的訴求，間接的問問老人家，「你有沒有任何想要跟我聊聊的事情？」也可以問：「現在，你有什麼需要我幫忙的地方？」或者你可以說：「不管任何時候，你想說說話，或是你覺得害怕，都可以找我，或者要我找別人來也可以。」這樣等於允許老人依照自己想要的時間來吐露心聲，而不是因應別人的期望而說話。

如果老人感到恐懼，鼓勵他們說出來，你也許沒有辦法替他們解決，但至少他們已經被聽見了，你也見證了，這會幫助他們靜下來休息，讓老人能享有片刻的安寧。

> 我們不是要提供答案，而是要給予友情。我們分享感受，而不是解決問題，除了我們，沒有別人，我們自己就是最好的禮物。
>
> ——理查．艾倫（Richard Allen），作者和教育者

夜晚通常是最大的挑戰；半夜一兩點的時候，焦慮會升到最高點，請向老人或親友確認，當他們感到最無助的時候，什麼能帶給他們力量，他們會要求什麼，具備這些知識後，當焦慮和挑戰時刻來臨，你可以幫助他們，和勇氣的來源重新連結。請確實把它寫在照護計畫裡。

詢問老人家，是否想要一張宗教人物或精神領袖的照片在床旁，如果他們表示有信仰和仰望的需求。他們可能想要有張耶穌基督，佛陀，奎師那（Krishna），聖母瑪利亞的照片。如果他們沒有準備，你可以幫忙從網路下載印出來，複誦或吟唱他們個人相信的神的名字，呼叫天

使或盟友，都可以帶給他們力量與安慰。

臨終者最常見的害怕，是對未知的恐懼。「我死後會去哪裡？」他們可能會胡思亂想，尤其是那些沒有強烈宗教或信仰體系的人。他們可能會煩惱，自己是否會掉進永無止境的漆黑裡，一個深不見底的黑洞。

用引導式想像來幫助焦慮

有一個你可以幫助臨終者的方法，緩解他們的焦慮，就是運用想像的力量，來幫他們創造一段平靜的旅程，他們可以想像，到達一個永久安息的地方。想像是我們最有力的內在資源之一，發揮這個能力，我們可以遠離恐怖的印象，用充滿愛與寧靜的畫面取而代之。引導式的想像是個有效又能撫慰人心的工具，能減低懼怕，焦慮，和痛苦。這是我經常用在臨終者身上的方法；當我帶領他們展開腦內的旅程，我可以看到他們遵循著自己的想像，安撫了自己的懼怕。以下是一個我如何透過圖像化來引導的例子，我希望你可以考慮試試類似的方法。

圖像化

請明白，在我們的生命中，我們會經歷許多轉變，從離開媽媽的子宮，到跟兒童時期說再見，成為大人，幾個人生大事，我們都一一走過，我們不斷地向前，接受改變，釋放，成長，學習，去除舊習慣，告別過往，重新調整，繼續往前走，我們愛過，失去過，再愛過，我們感受，我們呼吸，我們放下。人生，就是不停的在面對變化與死亡，出生與成熟，悲傷與驚奇，信任與愛……現在，我們要面臨另一個轉變，我們要放心地走向一個地方，在那裡，你會被接住，被保護，你會覺得平靜，你會有被愛的感覺……這個地方是屬於你的，我們現在就可以去這個地方，你想要的話，也可以一去再去。

所以，現在請你想像，你站在一個美麗的，精雕細琢的鐵門前面，你輕輕地推開了門，發現眼前是一片旖旎的綠地花園，你的綠地花園。太陽光灑在青綠的枝葉上，斑駁的光影，照映著一條引人入勝的道路，路的兩旁，開滿了藍鈴花，花香是如此的甜美，當你走過成排低垂的藍鈴花時，它們釋放的香氣，似乎是在歡迎著你。

你走在蜿蜒的路徑上，悅耳的鳥聲，像是對著你歌唱，你緩緩的走在樹蔭下，感受到太陽的溫暖，美景當前，香氣四溢，你覺得快樂幸福。接著，這條道路引領你走到一大片草原，你的視野開展了，草原上有數不盡的野花，色彩繽紛，隨風搖曳，這景象，美得讓你幾乎忘了呼吸，你走在這片花海中，來到了草地的中央，那是個綠草如茵的小山丘，你找到了絕佳的位置，你脫掉了鞋子，感覺到腳下的青草地，柔軟又涼爽，你走在這片綠色的地毯上，你無比的放鬆，無比的平靜，一切都好，一切都好，一切都好。你可以待在這裡，想待多久，就待多久。聽聽鳥叫，徹底休息，享受平靜。

你現在的位置，是很寬敞的，如果你想的話，也可以躺下來，你仰望著藍色的天空，金黃色的光線，讓你的肌膚，微微發熱，一切都好，一切都好，一切都好，你沐浴在陽光下，聆聽周遭自然的聲音。你發現，自己溫柔的跟自己說話，我的四肢在伸展，我的身體不再蜷曲，陽光普照下，我看不到自己的陰影，我的靈魂與我同在，共享這光所帶來的愛與安詳。我的心充滿喜悅，我記起，我記起，我歌唱……我回家了，我回家了，我回家了。你說的話，如同迴音一樣，你感覺到有一個存在，一份愛的存在，亦或是嚮導。你因著它們的出現，它們的療癒，關愛，恩典，你感覺被祝福了。它們把你的手，放在它們的手中，你感到無限的柔和，接受了它們的祝福。

無限的恩典與溫柔，在你身上。
無限的純淨與安詳，在你心中。
無限的智慧與福祉，引導著你。
無限的和諧與快樂，伴隨著你。
無限的善意與感恩，充滿著你。
無限的光芒與愛，圍繞著你。
無限的生命，祝福著你。

感覺到滿滿的愛與光，你表達由衷的感謝。你跟這一切說聲再見，溫和而堅定地走回原來的路上，你走過草原，穿過樹蔭下的藍鈴小徑，回到了美麗的鐵花大門。你轉身看了最後一次這個特別的地方，你知道你可以一再的回來，只要你需要。現在，輕輕地推開大門，慢慢地回到這裡，回到現在。

有時候，人們在這過程裡會睡著，平靜下來，安詳許多，看起來非常的美好。

深夜的靈魂

到了最終階段，多數人會經歷一段過渡時光，俗稱為「深夜的靈魂」。對臨終者而言，這會是死前最低落的一段時間，有時候會延續好幾天。這段時間，就如同耶穌基督在十字架前受苦受難的時候，會感覺被世人遺棄，痛不欲生，脆弱不堪。

這種時刻，即便是最有靈性，最虔誠的宗教信徒，都可能暫時對信仰失去信心，他們覺得被放棄了，他們感到害怕。

身為一個照護者，請明白這在他們的生命末期是很常見的，請向老人家保證，他們會熬過這段時期，因為真的可以過得去的，你可以用類似我的，或寫下你的引導式想像來幫助他們，盡你所能的陪伴他們，他們因為有你在身旁，會感覺到放心安適。

費麗絲．提沃納女士寫過兩本書，分別是《溫柔臨終》（*Gentle Dying*）和《靈魂接生員之手冊》（*The Soul Midwives' Handbook*）。她也是靈魂接生運動的創始人。她認為，從這個階段，到最終放棄的時刻，中間有個連結。在這個當下，要做出決定放手，要全然的信任，允許自我逐漸的消失。在死前似乎有一個明確的時間點，臨終的人「必須脫離所有過去舒適圈裡的信仰體系」對他們來說，是個「完全孤寂的經驗」，但只要他們走出來了，他們便不再害怕，就好像「他們站在太陽底下一樣的光明」。

雖然有些老人會在這時候懷疑他們的靈性和宗教信仰，但其他人可能會在古老的或新的信仰裡找到慰藉。

在這種時候，我經常大聲的說出來，或在心裡默念「願你平靜，願平靜降臨在你身上，圍繞著你」，我想像他們被一圈金色的光籠罩著，或是假想他們被愛的手臂，或天使的翅膀環抱著，我可能播放音樂，或為他們歌唱，我會替他們的腳，手和額頭抹上美好的乳香精油。我也可能根據他們的信仰，讀些禱告文給他們聽，希望能帶給他們平安。請依照你對他們的了解，你知道他們的信念和反應，找出合適的來朗讀。我曾經用過吠陀的讚美詩，古老印度的諺語，和西藏的冥想，只要你覺得合情合理，有很多其他的資源都可以運用。

有個叫做聖方濟禱告文是很受歡迎的，我喜歡用它來帶給人們希望。雖然大家都認為是聖方濟寫的，也很像是他寫的，但其實不是他。沒有人知道真正的作者是誰，這段文字第一次出版是在一九一二年的法國。

聖方濟禱告文

主啊，請讓我成為你傳達平安的工具，

有仇恨的地方，讓我播下愛；

有傷痛的地方，給予原諒；

有懷疑的地方，增強信心；
有絕望的地方，帶來希望；
有黑暗的地方，點燃光亮；
有悲傷的地方，帶來喜悅。
喔　神聖的主人，請賜予我安慰別人的力量，而不是尋求安慰；
使我了解他人，而不是渴望被了解；
使我能愛人，而不祈求被愛；
因為在給予中，我們收穫；
在寬恕中，我們得到救贖；
在垂死中，我們得以永生。

我發現詩篇二十三「上帝是我的牧者」能夠給人安慰，我也從達米恩（Damien）神父得到啟發，他在夏威夷的莫落凱（Molokai）為痲瘋病人工作多年，最後他自己也罹患了這個疾病，獲得天主教教會的聖者肯定。

他不認為死亡是值得恐懼的事，相反的，死亡應該是個值得慶賀的，因為它是上帝的使者。「死亡是上帝最後一個，也是最好的禮物。」

我也寫了一首詩，希望能讓即將離世的人，內心充滿安詳。

願東方有和平
願西方有和平
願北方有和平
願南方有和平
願和平在你心中，
若你感到不安，
願你開始你的和平之旅。

——亞曼達．衛爾寧，二〇一六

放手

當我陪伴垂死之人時，往往在臨終之際，會感覺時候到了，事實上這幾乎是一種本能的敦促，我會允許這個人離開。在這個時間點，靈魂接生員或許會在臨終者的耳邊輕聲細語，告訴他們，他們可以順著亮光，跟著來迎接他們的人走，那個人愛他，會幫助他的。我也許會重複輕呼他們的名字，告訴他們一切都會沒事的，他們做得很好，他們可以輕鬆的走了，這樣會讓他們舒緩與平靜。

愛的翅膀環繞著你，你被溫柔的接住了，你被深愛著，被祝福著，你知道，你可以放手了，愛與祝福一直守護著你，你和現在的一切，過去的一切，與未來的一切合而為一，平靜的氣息提醒了你，可以輕輕地離開這個地方了，你可以自由的進入屬於你的神聖空間，那是恩典，那是恆久的愛，在海的另一岸。

——亞曼達．衛爾寧，《我在你身旁》CD

我也會用我寫過的另一首詩，來鼓勵他們的靈魂自由飛翔。

你是隻剛學會飛的小鳥，即將離開鳥巢，
你長大了，鳥巢已經顯得太小，
你似乎全都知道，
還有另一個世界等著你去探索，
在那個世界裡你會發現，
你被深深的愛著，
張開你的翅膀，

讓你的精神飛揚，
你可以飛越靈魂的天空，
感到被愛與自由，
勇敢的一躍，你會看見，
你會找到，你回家的道路。

——亞曼達．衛爾寧，二〇一七

訣竅

我會用優美的音樂來讓他們更容易放手。我推薦幸福（Bliss）音樂的一萬個天使（One Hundred Thousand Angels），林恩．莫里森的（Lynne Morrison）黃金洞穴（Cave of Gold）（綠色創庫錄音公司 Greentrax Recording），還有上帝眷屬（Ceile De）的聖歌（www.ceilede.co.uk）。

幫助老者放下他們的身體

我透過尊敬，感恩來幫助老人放下他們身體，我理解他們的身體，已經讓他們完成了許許多多的事，有些老人可能對自己的身體感覺厭惡，或是感到失望，他們覺得，這個身軀，讓他們消沉，它難看，難聞，難以讓人接受。你可以幫助他們正視自己的身體，這個身體是他們一輩子的福分。我帶著他們，一起進行一次祝福身體的儀式。

我拿起他們的手，放在我的手心，我說：

保佑這雙神奇的手，這雙手已經付出太多，
跟你分享太多的事，牽過，撫摸過你愛的人，你愛的寵物，
這雙手照料你的花園，烹煮美味的佳餚，
讓你畫畫，寫作，塗描，連接。
保佑這雙手，賦予你能夠創造，製作，感受，珍惜和愛的能力，
保佑這雙無比美麗的手。

接下來我會順著他們的身體，輕輕地碰觸他們的腳，然後說：

保佑這雙奇妙的腳，這雙腳給予你能力，
讓你舞蹈，奔跑，和跳躍。

這雙腳，帶著你走到愛人的身邊，
允許你探索這地球，感覺到腳下清涼的草地，溫暖的沙，
並在沁涼的水中踏步，
這雙腳賜予你旅行的禮物，給予你連結和自由。
保佑這雙美麗的腳。

我繼續會溫柔地摸摸他們的額頭，並且說：

保佑這個非凡的頭腦，這個頭腦讓你學習，
吸收，閱讀，和分享豐富的知識，這個頭腦已經幫助且影響了許多的人，
它解決問題，找到答案，保佑你的頭腦，
它已經傳遞了無數的智慧給他人。

接著，我會將我的手，輕輕的停在他們的心臟上方，而不碰觸到。我說：

保佑這顆神奇的心臟，這顆心臟曾有如此豐富的感受，曾愛得這麼深，曾分享這麼多，曾

修復這麼多，承受這麼廣，保佑這顆難以置信的美麗的心。

最後，我再回去握住他們的手，我說：

保佑你整個身體狀態，這個旅程，你已經開始，我們感謝，你的身軀，現在，我們可以輕輕地說放手，放手，放手。

你如果不習慣，你可以只是握著老人的手，簡單的說「這雙手，曾經帶給別人豐盛的禮物，付出深厚的愛，它真的很美妙。」幾句肯定，就足以讓這過渡時期容易一些。

我感覺我媽一直掛念著，所以我對她說，我們會很想念她，雖然她給過我們的實在難以數計，但我們應該可以好好過下去的，她不用煩惱，我們全都愛你，你永遠不會被忘記的，現在時候到了，你必須走了，我們的愛會與你同行。

——塔拉，照護者

當上帝召喚你的時候，無論你身在何處，就算是在非洲的廷布克圖（Timbuktu），另一個國家，你都必須走，我一點都不害怕死亡。

——羅伯特，照護者

當一個人死去時身體會發生什麼事

許多文化都認同，呼吸是一件非常重要的事，我們一輩子吸氣吐氣，一旦死去，便不再呼吸。

我們呼氣，我們吐氣，
我們有節奏，我們有方法，
它在我們的生活裡，日復一日，
然而，在寂靜與停止中，
一種新的存在浮現了，
它催促著我們移轉和流動，
吐出了過去，吸進了永恆，
感覺那節奏，那呼喚，
如同你過去所熟知般柔和與珍貴，
然後放手……

——亞曼達．衛爾寧，二〇一七

永遠要記下死亡的時間，在英國，死亡必須經過驗證和登記，屍體的處理，需遵照出生和死亡登記法案第一九二六號。

當一個人死亡時：

- 心臟停止跳動，呼吸停止，身體顏色轉為蒼白；
- 身體變得冰冷，肌肉放鬆，尿液和糞便可能流出；
- 眼睛可能一直張開著；
- 下巴也許是打開的，但請用布巾包裹著他們的頭和下巴，在死後僵直發生前，保持下巴緊閉；
- 可能聽見內在液體流動的聲音；
- 可能會有種感覺，他們只是「不在」了；
- 他們可能看起來非常安詳。

在某人剛剛往生的時候，輕聲地說話，舉止尊重。把吵雜的機器關掉，燈光調弱，關閉所有可控制的噪音，把呼叫器和電話保持靜音。

稱自己為「舞動之心」（Dancing Heart）的瑪麗亞（Maria）是位安寧病房的顧問。她著有

《生命最後的冒險》（*Last Adventure of Life*）一書，由發現號角（Findhorn Press）出版，她在書中解釋了她工作的安寧中心裡的一些政策，在那裡，員工鼓勵家屬，想陪在往生者旁邊多久都可以，她說到，有一次，當整個家庭聚集在一起時，兒子繼續唸書給媽媽聽，他讀的那本書，是媽媽臨走前要求他讀的，她之前不經意地想到這本書，應該對兒子會很有用，瑪麗亞說，這個過程，「讓我想起藏傳佛教的儀式，從寺廟來的人，會為死去的靈魂讀《西藏度亡經》（*Tibetan Book of the Dead*），而且長達四十九天。」藏傳佛教的人相信，即便已經去世，這段期間靈魂還能聽見。

屍體檢查照護

這個步驟需要盡快做，帶著尊敬與關愛，安靜的迅速完成。如果你曾經跟這位長者很親近，你可能覺得自己很榮幸來做這件事，或是你可能感覺很情緒化。你也許從未看過一個死去的身體，有些人會很震驚或很害怕，請尋求支援和幫忙。對自己和逝者溫柔一點，做你自己能做的，你做不到的請別人做。

宣告死亡之後

尊重這個身體。我相信死者有權利受到溫柔與細心的處理。很重要的，在照顧這個剛往生的身體時，我們要做得像是家人親友都在旁邊注目著一樣，請記得過世的人，他這一生是有名字的，死後，這個名字仍跟隨著他，你應該繼續如此的稱呼他。

請考慮

當你開始處理身體時，播放死者生前喜愛的音樂做為背景。

以下的清單包含了所有需要執行的步驟，對於如何執行，也提出一些建議。

- 拿掉管子。
- 更換髒污的衣服。
- 擦乾淨屁股周圍。

- 輕輕地擦洗身體，如有需要，清除排出物。
- 讓老人仰臥，抬高頭和肩膀。
- 抓著睫毛，輕輕地拉下他們的眼皮。
- 盡快放入假牙，在身體僵直之前。
- 放一套乾淨的外衣，或是任何死者生前要求的衣服在身上，蓋上一條薄單，除非有不同的要求。
- 在死者的手上，擺上花朵，或者對個人很有意義的物品，也許是一張照片或是一個項鍊墜飾，花朵也可以放在眼皮上，或將花瓣灑滿全身。
- 這個時刻，遵循任何特別的規定。
- 你也許覺得你想要打開窗戶，某些文化會有這個習慣。
- 你也許想要向往生者說些話或是祝福。
- 保持這個地方，讓死者的身體盡可能的安詳舒適。
- 注意自己的悲傷。
- 溫柔的告知家人，你應該已經知道，要將死訊告訴哪些人，他們想要被叫醒嗎？他們需要有人在身旁嗎？他們想要讓誰知道？
- 準備文件，才能移動身體。

充滿敬意的收集眼鏡和隨身用品。確認你手邊有些好看的包包，袋子，皮箱，箱子，可以把逝者的東西整理好放進去。對於親人來說，若看到往生者的東西被丟進一個黑色的垃圾袋裡，是很難受的，似乎剛走的人就像廢物一樣被丟棄了。仔細的摺好他們的衣服，你也許會想寫下或留下個人訊息在這些衣物上。

> 我以前從沒看過一具屍體，我既焦慮又緊張，但我卻找到了勇氣，靠近我爸爸的身體，當我接近的時候，我感到有個聲音，我不是聽得太清楚，但感覺是在我的裡面跟我說悄悄話，那是我爸的聲音，他說：「我很好，我很OK的，我愛你。」我知道它是我爸，它給了我力量與安慰，而且完全去除了我對死亡的懼怕。
>
> ——盧，照護者

薩爾瓦妥・堅西瑞兒（Salvatore Gencerelle）是《助手之間的人》（*Man Among the Helpers*）一書作者，他在美國原住民的督導下，當了十七年的療癒師，他曾寫道，現今的世界已經「變得無法接受死亡所提供的禮物」。我們不再記得，死亡是過程的最後一部分，我們只是「回到那無止境的奧祕中。」

不同信仰和文化的不同要求和信念

所有的宗教傳統都提供不一樣的慣例來幫助我們適應生命最後的終結。無論你的傳統是什麼，或者事實上無論你比較認同那一個傳統，你都可以替你自己量身打造你需要的方式，並在其中找到安慰與滿足。當處理死亡和悲傷時，藉著執行儀式，你會找到很大的修復能量，以下是有關信念，慣例，不同信仰的要求的簡短摘要。

佛教

佛教徒相信，當他們死後，還會再轉世。他們試圖脫離生死的輪迴，希望到達極樂世界裡永生，在那裡，才能得到真正的平安。

在往生的時刻，他們會進行特定的誦經和祝禱，身體將停放三天，接下來的四十九天，會做中陰（Bardo）法會。

印度教

印度教相信投胎轉世，死亡對他們來說，是靈魂移轉到天堂（極樂世界）的過程，如果可能的話，當時候到了，教徒應該躺在地上，跟大地相連，除了部分親友外，任何人都不能碰觸臨終者的身體，親友們會在身體的四周為逝者祈禱。

穆斯林教

什葉派和和遜尼派穆斯林教徒接受死亡是阿拉真主的意願，每天的禱告裡都認定並為死亡做好準備。許多穆斯林相信，接受伊斯蘭並說出清真言（Shahadah），他們信仰的宣言，他們死後會到達堅奈（Jannah, 天堂）。經常，垂死的信徒會希望面朝麥加，死後的二十四小時內應埋葬身體，並將臉朝向麥加。家人或朋友會進行儀式，洗淨屍體後將其用壽衣包裹，女性由女性清洗，男性由男性清洗。

猶太教

猶太人相信，他們死後會上天堂進入上帝的懷抱，他們的天堂（Olam HaEmet）意思是真理的世界，他們認為死亡是上帝計畫的一部分，當人死去，雙眼合閉時，應點上蠟燭，將身體平放在地上，他們的身體必須一直有人看顧著，直到親愛家人或拉比來臨，清洗身體這份工作很神聖，只能由猶太社群裡特定的人員才能進行，猶太人的下葬必須越快做越好，通常二十四小時內就會舉行。

基督教

基督徒相信他們死後會上天堂。天主教徒相信，他們必須先為自己的罪懺悔，然後才能進入榮耀的天堂，神父會跟臨終者一起禱告，進行聖餐禮（Holy Communion），也就是神父為他們抹上聖油，垂死者得到赦免和和解的聖禮，依照慣例，死亡之際應朗誦主禱文（Lord's Prayer）。

薩滿方式，古老的傳統

許多傳統，特別是薩滿教的傳統，會歡迎祖先，並邀請他們來協助轉移的過程，當死亡這個神聖的過程開始時，他們會以歌唱來召喚性靈導師或嚮導來幫忙，關愛，和引導。一旦死亡來臨，他們會燃燒鼠尾草，神聖的吟唱，禱告並心存正念，以祝福淨化整個空間。

空間的清理

許多宗教慣例會進行空間清理的儀式，這些儀式通常很簡單，主要是釋放可能卡住的殘留能量，讓原本因死者而沉悶的空氣再度流動起來，空間清理能清除負能量，確保死者的靈魂能自由移動，陽光和新鮮空氣會很有幫助，能移除停滯的能量，所以打開窗戶，在空氣裡噴點精油，或者可以去任何的自然整合商店購買「空氣淨化噴霧」。在東方的傳統裡，經常會放一碗鹽在乾淨的房間中，或一小碗鹽在房間的各個角落，他們認為鹽可以收集和吸收不好的能量。在西藏的傳統裡，他們會敲打銅鈸（Tingshas），以清淨並提振整個環境。

想要為往生者清理空間，我會調整我的意念並且說，「我呼喊至高無上的愛來祝福，淨化並充滿這個空間，我們像往生者＿＿＿＿（名字）致敬。」然後我會唱我的「應著你的恩典」這首歌，最後我會說「在完全的愛與完全的信任中，這個空間已經再也沒有負面能量的殘留了，現在，這是個愛與和平的地方。」

跟著太陽光的腳步，我們離開舊的世界。——克里斯多夫．哥倫布（Christopher Columbus）

允許自己悲傷

哭泣，是為了減少悲傷的深度。

——威廉．莎士比亞

當你目睹老人過世後，請不要低估你自己傷心的程度，他可能是你已經很熟悉的一個人，甚至還被你當成家人一樣，現在他走了，而你又要繼續去照顧其他也將步上後塵的人。請肯定你的悲傷，不要變得鐵石心腸，你應該知道，為了被照護者感到悲哀失落，是人之常情，別忘了照顧你自己，請閱讀如何照顧自己的章節，尋找一些可以幫助你，支持你的點子和練習。對自己溫柔一點，跟一個信任的人聊聊，寫下你的感受，開展藝術或創意的計畫。跟你的同事談談，相互扶持，當你們都為了老人家去世感到難過的時候。

> 絕對不要因為流露感情而覺得抱歉，請記得，若你這麼做的話，你是在為事實道歉。
>
> ——班傑明．迪斯雷利（Benjamin Disraeli）

紀念和榮耀

當一個人死後，在照護中心裡如何紀念死者，一直是我很熱心的事情，理想上，他們應該曾經覺得中心是他們「家庭」的一部分，而他們離去後，我們也應該想想，如何表示他們過去對我們的重要性。有太多的例子顯現，當照護之家的老者死去，他們好像馬上就「從後門被帶走了」，以免影響其他的住戶，不需大驚小怪，不用麻煩，反正就是被刪除了。在我所有的訓練中，我一直呼籲，有沒有可能照護者和護理人員，形成一個送行者的隊伍，以護送死者從中心的大門出去，工作人員和住戶都可以肯定，致敬，並一起悲傷，給老者一個溫暖的，充滿敬意的送別，讓他們離開「最後的家」。我知道許多有這種經驗的殯儀館總監都非常的感動。

> 把你的信念，放回人的本性，每當我們帶走一個不具名的屍體時，我總覺得不對勁，我會想知道他是誰，他對誰曾經很重要。
>
> ——喬治，殯儀館總監

許多照護者無法參加喪禮，然而，有不少其他緬懷亡者的方式，你也許可以試試。

- 你可以跟別的照護者，或是自己，燃起一根蠟燭，獻給你對老人的回憶，當作是你的個人儀式。
- 擺放一束老人最愛的鮮花在他們的相片旁，準備一本紀念冊，人們可以寫下他們對老人最美好的回憶。
- 舉辦一個下午茶會來追思老人，或是在下次吃飯時提供老人最愛的食物給大家吃，播放老人家喜歡的音樂，或一起唱首他們生前喜愛的歌。
- 種個盆栽以紀念老人家。
- 設計一條紀念走道，將逝者的名字刻在路徑的石頭上。

- 製作一條拼布被子，每一個正方形都是為了紀念離開的老者。
- 為往生者舉辦追思會。
- 創作一幅壁畫，上面有死者的名字。
- 設計一顆追憶樹，掛上老人們的相片。

當我們其中的住戶過世後，殯儀館的人來了，我們會推著身體緩緩通過花園，走到大門前，停頓片刻。任何人想要——其他的住戶，家人，護士，志工——分享一個故事，一首歌，或是靜默都可以，我們在屍體上灑滿花瓣。只需要幾分鐘，就是個甜美，簡單的告別畫面，我們用溫暖與關懷，導引我們的悲傷。

——山姆，照護之家經理

請考慮

有些人可能來到你的照護之家，你對他們一無所知，但他們很快就走了，你唯一能做的，就是確保他們未來至少會被一個人關愛著，而他們將來也會至少關愛一個人，光是這件事，就很值得紀念與尊重。

感謝你

謝謝你過去所做的一切，以及未來將做的一切。我相信，你用關愛照護所產生的漣漪效應，已經影響了許多人。請理解，在每一個人的終了，你都扮演重要的角色，你可以反思一下，你跟他們一起走過的旅程，問問自己以下的問題。

- 我是否積極地幫助他們，完成他們想要的死亡？
- 我是否幫助他們，表達他們的願望？
- 我是否表現得有敬意，讓他們覺得有尊嚴？

請明白，我們透過經驗來學習，在每個情況下捫心自問，我當時是否可以有別的做法。請記下所有你的想法和點子，以造福下一個人，他們將在臨終階段，受到你持續關愛的照護。

每個人在死前的一剎那，都應該看到慈祥的面容。

——泰瑞莎修女

第八章

如何落實
有尊嚴的照護

身為照護者，提供以人為本，有尊嚴的照護，你必將走上一條持續的，令人興奮的發現之旅，你需要不斷的學習，觀察和聆聽，不論你做什麼事，你都得把那些被照護者放在你的心中。你得到的回饋將會是豐盛的。研究已經顯示，支持他人的尊嚴，能帶給照護者深度的洞見和無比的滿足。我們照護工作者應該尊重他人內在的價值，並且保留他們的尊嚴。尊嚴跟他們感受到的尊重，他們的自信，驕傲，與自我價值有關。有尊嚴的照護，將重點放在互相尊重，建立正向關係，對彼此都有好處。藉由將心比心，替老人設身處地，來看見他們的需要，才能做到有尊嚴的照護。

在你所有的互動中，請將尊嚴，當成是一個有意識的，不可或缺的一部分。讓老人能積極參與自己的照護，激起他們的興趣，詢問他們的需求。

為何尊嚴很重要？

過去對於末期病患的研究很清楚的告訴我們，一個人感受到的尊嚴，事實上會影響他欲生或欲死的意願。其中有一個研究指出，在醫院裡有三分之二的垂死者感覺，他們的尊嚴會被照護他們的人剝奪，當他們的尊嚴不被重視，或是尊嚴被一點一滴的侵噬時，個人會覺得卑微，沒價值，羞恥，不如人，暴怒，生氣，憂鬱，沒意義，沒用，沒希望，孤單，害怕，可憐，寂寞，孤立，退縮，甚至想自殺。在媒體上有許多驚人的故事，都跟老者如何忍受虐待和沒人性的照護有關，因此，了解你自己的重要性，是刻不容緩的事，你能夠捍衛和保護他們的尊嚴。

請記得

老人家的自我形象，和他們在你心目中的形象之間，有個密切的關係。我們有能力來修復或破壞老人家的自我價值和尊嚴，完全取決於我們的態度，所以，讓我們保持覺察，小心不要落入歧視老人的陷阱裡。

請考慮

也許你不太願意使用科技，因為你以為老人家一定排斥科技，或是你習慣將他們的身體或精神上的症狀如憂鬱，或痠痛和疼痛歸咎為老化的現象，而從未深入找出原因。有沒有什麼你看到的細微動作，可能是你自己對老人的刻板印象呢？你願意重新來探討這些問題嗎？

社會上的年齡歧視，指的是老年人一直以來，都受到不公平的待遇。而照護者若心中有歧見，會造成一種冷淡的，漠不關心的，充滿偏見的，甚至是虐待的傾向。這也是為什麼自我反省很重要，身為一個照護者，你應該經常衡量你的作為，並且改善互動的方式。

請反思以下的事情：

- 被有尊嚴的對待，你自己**感覺**如何？
- 不被別人尊重，你會有什麼**感覺**？
- 當我們看事情，從每一個人的角度，會讓我們比較能以關愛的，有意義的方式和老人家互動。
- 我們可能只關注在醫療的需求，而忽略了老人家精神上的豐富與否。

請考慮

一般對尊嚴常見的信念是，己所不欲，勿施於人，對待別人，如同對待自己一樣，但你可以重新從每個人的角度來衡量，因為尊嚴應該是用他們想要的方式來對待他人，兩者之間是不盡相同的。

我很早就得學習這件事，因為當我看到老人家不開心時，我就會自動想去抱抱他，那是我自己的習慣，難過時會想有人給我一個擁抱，我以前不曾停下來想想，或問問，或考慮到，對他們而言，這可能是侵犯到他們的個人領域，對他們是不尊重的，現在我會先詢問，用適合他們的方式來回應，因為有時候他們可能想要有肢體上的安慰，有時候則不然，就跟我們其他人是一樣的。

——山彌，照護者

請記得

在你從事照護工作時，你可能會碰到尊嚴的挑戰，但你絕對不是唯一的，你可以提供支持性的講座，給照護同仁，分享一些好的經驗，成為一個尊嚴的擁護者，我們有個尊嚴理事會，有問題的話可以從旁協助你，也有來自同行的照護者或專業人士可以給你建議。對於提供尊嚴照護，我們有素材和有用的資訊，請上網 www.dignityincare.org.uk，會有更多的訊息和支援。

請這麼做

- 對於任何形式的虐待是零容忍度；
- 對於你支援照顧的人，像對自己和家人一樣的尊敬；
- 把每個人當成是獨立的個體對待，提供個人化的服務；

♥ 讓每個人維持極大化的獨立，擁有選擇和控制權；
♥ 當他們表達需求和慾望時，請聆聽和支持；
♥ 尊重人們的隱私權；
♥ 確保他們能自在的抱怨，不用擔心會遭到報復；
♥ 鼓勵家人與照護者一起成為照護的夥伴；
♥ 協助人們維持自信和正面的自我形象；
♥ 主動紓解人們的寂寞和孤立感。

要維持有尊嚴的照護，你應該持續的評估，檢查和調整你的行為和溝通方式。

請不要這麼做

✕ 告訴他們必須穿什麼，試想他們被剝奪選擇和控制權後，會有什麼感覺；
✕ 讓他們一直穿著或使用骯髒的內衣褲和床單；
✕ 當進行個人護理時讓房門敞開著；
✕ 告訴他們必須睡覺了，他們不是小孩子；
✕ 講話時忽視他們的存在或缺乏眼神交流；

✕眼鏡不幫忙擦乾淨，或是助聽器電池不換電池；
✕把食物或飲料放在他們拿不到的地方；
✕他們想上廁所時讓他們一直等著；
✕讓他們自己忍受痛苦；
✕對他們的體臭或身體的變化顯露厭惡的表情；
✕強迫或霸凌老人；
✕一次給他們太多的指示，或用很多醫學名詞；
✕不詳細的解釋；
✕講話太快；
✕手寫字體潦草；
✕使用大張的給小孩子的圖卡，試圖幫忙那些溝通有困難，但又有需求，如想上洗手間的人，請注意這些圖片可以印製成小張的，加上護貝，掛在鑰匙圈上，比較隱密且有尊嚴；
✕從很遠的地方跟他們說話，或站在他們的背後；
✕你的語調無趣，或是身體語言顯現出無奈；

請考慮

持續的否定他人的情緒狀態，會讓老人覺得疏離，讓他們感覺自己的情緒是「錯誤」的，告訴他們不要生氣，也可能是種隱約的霸凌，我們應該要盡量避免，不然老人家會逐漸退縮，或越來越憎恨，或是成為隱形人。好的做法是肯定，確認老人家的情緒，並嘗試溝通說「你需要的話，我會在這裡，我看到你的痛苦，我會試著理解為什麼你有這種感覺」。

風燭殘年的老人，他們的世界會縮小到距離床鋪的十呎之內，這也是為什麼你和他們的互動和溝通會被放大數倍，如果有任何不屑一顧或冷漠的情形發生，他們的小小世界沒辦法排除或沖淡這些負面的影響。這些行為和態度會造成真正的身體和精神的後果，包括不易從疾病中恢復，壓力增加和壽命減短。所以，請不要提高你的音量，對他們大喊大叫。

尊嚴溝通的祕訣

- 確定你先自我介紹，你也許有掛名牌，可是老人家可能看不清楚，或是叫不出你的名字，對老人來說，如果他們連你的名字都不知道，很難跟你建立關係，他們也會不好意思一問再問你的名字。工作人員經常不知不覺的成了工具人，因為他們沒有名字，也忘了經常要再介紹自己，久而久之每個人都看起來大同小異，提醒名字不僅是個禮貌，也讓老人家安心。對失智者而言，你需要不斷的提示自己是誰，並且保持耐心和態度良好。
- 確認老人家是否了解你剛才所說，再進行到下一個事項。
- 確定他們是專注的或注意力集中的，跟你也有眼神的交流。
- 運用手勢或臉部表情，幫助他們容易了解。
- 要進行私密談話時，找一個安靜的地方或房間，減少背景的噪音。
- 確認你知道他們希望如何被稱呼，他們喜歡用什麼名字。

請記得

改善你照護流程最好的辦法之一，就是直接問老人家。「我給你的照護程度是你所需要的嗎？有什麼我可以改進的地方呢？」

尊嚴檢查單

請明白好的情緒照護，跟好的醫療照護同等重要。當我們照顧別人時，用我們的心和意念來引導我們，覺察他們的需求，平衡他們的身體和情緒，才是好的照護。所以，請檢視你自己，回答下面的問題，看看是否做到尊嚴的照護。可能的話，每天都檢查一遍。

- 我是否已經依照每個老人的能力，調整我照顧的方式。我是否讓他們覺得很匆促，混亂，或無能？
- 我是否記得要常常介紹自己？（請看上方**尊嚴溝通的祕訣**）
- 我是否鼓勵老人家盡量表達自己的需要和慾望？

想一想：

你是否有所遲疑，因為你害怕自己不能給予他們想要的事情，例如，在照護中心的他們，經常要求想要回到自己的家？如果他們很想回家的話，看看你能做些什麼，把中心弄得更有「家」的感覺，跟中心的員工討論一些想法。

♥ 我是否好好傾聽他們的答案，並且採取行動，如果我做不到的話，是否請別人幫忙？

♥ 我是否尊重他們的隱私權？

想一想：

我是否總是記得進他們房間前要敲門？我有等他們回應，或至少等一小段時間，才進入他們的私人空間呢？即便是他們已經瀕臨死亡了？

♥ 我是否注意到親友的疑慮，我對他們的意見有多尊重呢？

♥ 我是否妥善管理自己的壓力程度，一直有禮貌且客氣的做事呢？

♥ 我是否關注他們個人護理的需求，我的反應夠及時嗎？

♥ 我是否記得每個人的習慣，態度，品味，道德標準，歷史，文化，和精神信仰呢？

♥ 我是否清楚，老人的內在是個什麼樣的人呢？我跟他們有連結，照護時有互動嗎？

想一想：

「過度幫忙」會奪取他們獨立的機會，不管你是多麼的立意善良。除非你很確定他們能做什麼，或想要自己試點什麼，否則他們被你放在你設的框架裡，會日漸萎縮。記得，你是他們照顧自己的夥伴。

請注意

冷漠導致忽視的行為，以及「無意的失職」，也就是照護者完全沒意識到自己做得不對的地方，尊嚴喪失是存在於許多照護之家和國民健保署病房的，這些包括整天放電視給老人看，不顧及病人說話，彷彿無視他們的存在，催他們吃東西，讓脆弱的老人衣不蔽體或穿著髒衣服，沒有隱私，房間乏善可陳，提早要他們入睡以讓員工休息，欠缺有意義的活動。所有這些作為都造成一種無希望和無助的感覺。這也顯現了一種制度和心理虐待的文化，因為員工是以工作為導向，被習慣驅趕；不願意思考，只是單純的做事。

覺察虐待傾向

老人家身體的狀況和過去的歷史，會讓他們暴露在被虐的風險裡。這些因素不能成為虐待的藉口，但它們的確提高老人的風險：

- 他們的病情惡化，失能或失智；
- 跟社會隔離，照護者與老人多半時間單獨相處；
- 老人可能曾經有位施暴的眷屬或父母；
- 老人可能有肢體上或言語上的暴力傾向。

老人可能遭受情緒虐待的傾向包括：

- 因為被吼或被威脅而感覺害怕；
- 被嘲笑或被羞辱；
- 經常被責罵；
- 感覺被忽視；
- 感覺孤立無援。

他們人格或行為改變也可能是個跡象。

老人可能遭受性虐待的傾向包括：

- 不經允許就被觸摸；

- 給他們看色情照片；
- 被強迫脫衣服。

身體上的變化可能有生殖器或乳房的瘀青，撕傷，內衣褲有血跡或髒汙，都可能是徵兆。

老人可能遭受棄置虐待指的是：

- 他們的需求被否定。

體重改變，褥瘡，衣服大小不合適，缺水，都是可能的指標。

老人可能遭受財務虐待的傾向包括：

- 他們的東西或重要物品被偷；
- 他們的個資被盜，簽名被模仿。

非必要的訂閱雜誌，未付的款項，或文件遺失，都是可能的現象。

如果你懷疑有以上的虐待，請立即通報。不論你是專業照護者或是親戚，確認你知道流程和規定，以及要聯絡哪些組織。

通報你的疑慮

感謝凱斯．蓋斯可（Cathe Gaskell）提供的內容，他是結果（Result Company）公司的總監。

一個**吹哨者（whistleblower）**指的是一個對自己工作場域，或對國民健保署，或對社會照顧機構的錯誤行為提出疑慮的人，「吹哨者」一直以來跟幾個國家諮詢（National Inquiries）機構都有關係，像是中斯塔福郡諮詢中心（Mid Staffordshire Inquiry），由羅伯特．法蘭西斯律師（Sir Robert Francis QC）領導。在英國，他們帶動了廣泛的健康和福利改善，也引發新的法律制定，以保護通報的人。在國民健保署，每個信託機構都有指定一位自由發聲監護人（Freedom to Speak Up Guardian），跟他們提出疑慮是完全保密的。

若你覺得你沒有辦法跟你的主管或其他管理階層提出你的疑慮，先查詢你的機構裡的通報政策，如果有的話，請遵循政策，若你已經試過所有的管道，或是你還是無法在內部提出來，你可以跟照護品質委員會（Care Quality Commission）舉報，他們負責監督並控管英國的照護機構，你也會受到保護的。

被歸類為告密的抱怨

如果你報告以下的事情，你會受到法律的保護：

- 犯罪的行為，例如詐欺；
- 某人的健康和安全受到危險；
- 對環境可能造成危險或已有實際傷害；
- 不公不義的判決；
- 公司違法，例如，沒有適當的保險；
- 你相信某人正在掩飾不法行為。

請這麼做

- 當你發現時，盡快在當地提出你的疑慮，尤其是關乎一個病人的照護；
- 保持一份日記，寫下你已經將你的疑慮告訴什麼人，他們承諾你會做什麼事情；
- 保持機密，如果採取的行動跟工作同仁有關；
- 跟你的主管或你的導師討論，這是反省練習的一部分，幫助我們培養我們的技巧；
- 請記得，當你提出你對病人／住戶的關注時，你是受到法律保護的，若你說出你的疑慮，會有人支持你的。

請不要這麼做

- 如果你目睹不當的行為，卻選擇忽略。我們對病人有照護的責任，有問題應採取行動，並提出報告。若我們目睹不當行為，對我們可憐的病人造成影響，這會讓我們失去可信度，甚至之後讓你丟了工作，如果日後展開調查的話。

如果你被指示要掩飾不法行為的話

如果你被指示要掩飾不法行為的話，下指令的人是犯了違反紀律的行為，如果你被告知不要提出或追蹤任何疑慮的話，即便他是個有權威的人，像是你的經理，你都不能同意保持沉默，你應該遵循你們工作場所或專業團體的方針，提出報告。

請考慮

假設你是個照護工作者，你參與的是政府支持的居住計畫，專門提供給有學習障礙的老人。你注意到即便你的同事有戴手套，她在整個上班期間都戴同一雙手套，工作後也沒有洗手，舉例來說，她準備早餐，進行個人護理，未脫手套就在交接簿子上寫東西，這樣其實讓住戶的安全受到影響，你有你的專業責任，應該要提出你的疑慮。

給照護者的叮嚀

- 你不需要自己解決問題，你的角色是提高大家的警覺，當你看到值得關注的事情時。
- 揭發問題跟保護個人經常是連在一起的，確認你了解最新的保護辦法，一旦發現有虐待傾向，知道向哪個單位報告。
- 參加有關舉報人，提出疑慮，自由發聲監護人的最新講座，這樣你才知道現今的法律和你的責任。

了解你的風險

照顧一個有多重需求的老人實在很辛苦，同樣的，老人要跟體弱多病與失去獨立奮戰，也是非常辛苦。若照護者本身的需求，跟老人家的需求相牴觸，在某些時候，可能產生虐待的情況。照護老人的壓力，可能導致照護者過度疲勞，在照護時抓狂發怒或乾脆忽略老人。如果欠缺訓練，或是承擔太多責任，或是工作環境太差，照護中心的員工是很有可能虐待老人的。

許多重要因素，讓我們照護工作者成為虐待老人的高風險群：

- 無法適應壓力，缺乏毅力；
- 憂鬱症；
- 缺少支援；
- 感覺我們照護的工作沒什麼回饋；
- 感覺無助；
- 感覺沒有希望；
- 感覺我們自己被虐待或喪失尊嚴。

請閱讀如何照顧自己，預防職業倦怠的章節。如果你覺得自己有危險傾向，請尋求你的護士長，經理，或互助團體的幫忙，以避免情況惡化。

不同文化如何支持尊嚴

在現今多元文化的社會裡，很重要的是我們能容忍並理解彼此的背景，以確保我們能維持尊嚴，欣賞並學習文化的差異。想一想你如何釐清對方的文化背景，並分享你自己的。

可以思考以下的問題：

♥ 什麼是你／我的習慣和傳統？
♥ 誰是你／我的家人？
♥ 你／我的文化中，對年齡和性別的感知是什麼？
♥ 對於食物和飲食需求，你／我的習慣是什麼？
♥ 你／我說哪一種語言？
♥ 你／我慶祝那些節日？有哪些重要的日子？
♥ 你／我有哪些穿衣的喜好？有什麼是會冒犯你／我嗎？
♥ 你／我的宗教習慣，信仰，和價值觀是什麼？
♥ 在你／我的文化中，對於死亡和臨終的態度是什麼？有什麼特別的慣例嗎？
♥ 你／我對個人私密照護的態度是什麼？
♥ 還有任何其他的事我們應該分享嗎？
♥ 你／我住在英國有多久了？

（改編自國家活動辦理協會〔National Activity Providers Association, NAPA〕）二〇二〇年提出的如何替老人辦活動，以及《你看見什麼？》）

彰顯文化差異的祕訣

當我在製作我的紀錄片《你看見我了嗎？》的時候，關於臨終照護和多元文化的部分是在聖喬瑟夫安寧病房（St. Joseph's Hospice）拍的，它是專門為不同種族所設立的一個多元的社區。他們邀請不同地方種族社區的代表經常與安寧中心聯絡，來彰顯大家的文化差異，試圖找到前進的方式，碰到挑戰時也可以安然度過。他們經常討論偏見和刻板印象，影片中我分享了一些好的練習，包括以下的祕訣：

- 搭起橋樑——我舉辦一天的活動，慶祝每一個文化和傳統，掛上旗子，穿傳統的服裝，品嚐食物，舞蹈示範，一起看電影，展示照片，食譜，不同宗教和信仰的經典名句；
- 招募不同語言的翻譯志工，使用Google翻譯應用程式，以降低溝通障礙；
- 確定員工已學習在不同文化中，不同手勢代表的不同意義，注意他們的言語或非言語溝通可能不小心造成冒犯；
- 學習不同語言打招呼的方式，並且適當的運用。

同志群體（LGBT）的尊嚴照護

身為照護者，我們必須檢視本身對性別傾向是否有偏見。花點時間來反省自己對這個議題的態度，試問自己以下的問題：「對於女同志，男同志，雙性戀，跨性別的老人，我是否有些偏見？」這種覺察可以幫助你處理任何的情緒反應，提醒你尋求適當的資訊管道，援助和支持，確保你對每個人是平等且有尊嚴的。對老人的文化背景保持敏感是很重要的，我們要尊重多元，和給予正確的照護。

有些女同志，男同志，雙性戀，跨性別的老人可能會煩惱他們自己的照護問題；例如，要向家人訪客「出櫃」，或是擔心受到照護員工歧視。二〇一〇年的平等法案（The Equality Act）保障他們不受到歧視，這也包括照護服務，意味者他們應該享有同等的尊嚴照護。員工付出的照護不得帶有本身的評斷，而且相處久了，應該讓被照護者感到自在而願意公開談論。在某些狀況，女同志，男同志，雙性戀，跨性別的老人可能遲遲不敢要求幫忙和支援，因為他們害怕陌生人的不友善或不敏感的反應。

現在，社會的接受度已經普及，性別認同和性取向的認知也已增加，請確認自己在這方面有足夠的訓練，「跨性別」指的是，個人不認同他／她在出生時的性別。

照顧跨性別病患時，其中的一個憂慮就是健康醫護人員可能會冒犯他們。很重要的是先跟他們能公開的討論這個話題：「你認同哪一個性別？你希望被稱為她或他？你喜歡被稱呼什麼名字？」有些病人可能喜歡用俚語或貶低自己的字眼來當名字，健康醫護人員要很小心這些自我嘲弄，以減低在語言上不當使用的反應。

——澳洲醫療學生協會（Australian Medical Student Association）
全球健康研討會（2014 Global Health Conference）

同志群體想要什麼健康和社會服務

安全：希望別人替他們保密，若遭受歧視的行為和虐待，希望有健全的申訴體系，老人同志群體希望能住在一個共享的環境，受到機構的支持和保護，免於恐同的，恐雙性戀的，恐跨性別的虐待。

尊重：希望能有選擇出來公開他們的生活，而不用擔心負面的後果，影響到他們受到的服務和被對待的方式。

文化：文化正確的服務和支持，跟地方上的同志群體有所連結。

覺察：感受到服務人員和專業人士的歡迎，他們對於性別認同，性取向和平權議題都有充分的認知。

知識：理解他們健康的需求，有單位能重視專業者的歧視判斷和假設，醫療專業人士有時會假設病人的問題是來自他們本身的身心障礙問題，我們應提高對這件事的關注，提供清楚的方針，並且訓練醫療專業人士。

請搜尋 stonewall.org.uk 網站，同志族群平權慈善機構。全面接受，無一例外。

沒有時間留給尊嚴？

給予尊嚴照護，時間應該是你的朋友，而不是你的阻礙。

如果所有的文件，器具，待洗衣物，醫藥用品，筆記等等，都放在他們應該在的位置上，你覺得你可以省下多少時間？

考慮一下：

尊重和留意每一件事，把東西歸位，意味著你和你的同仁，會有更多的時間，留給老人。

♥對於你照顧的老人，誠實的把握時機，否則，他們很快就會對你失去信心。

考慮一下：

當信心消失後，很難再恢復過來，所以，當你說你五分鐘後會回來，你明明知道你做不到，請調整你的話語，「我會盡快回來。」如果你總是不遵守承諾，你等於損害了自己的自尊，也破壞了老人對你的信任。尤其很重要的是，你要嚴格遵守老人用藥的時間，以預防突發的疼痛，讓老人感覺你把他忘了。

♥當你人手不夠，呼叫按鈴四處左右響起，你如何讓呼叫你的人了解，他跟其他有需要的人同等重要呢？

考慮一下：

跟老人在一起時保持集中，專心，和平靜，能讓他們平靜下來，而且更為清晰。善用你的時間，告訴老人你也許只有兩分鐘，但在這兩分鐘裡，「我完全是你的，我能為你做什麼？」寧願專注在老人兩分鐘，也不要心不在焉的在旁邊五分鐘。

保護你的尊嚴

要提倡有尊嚴的照護，代表著你自己的尊嚴也要被保護。我鼓勵所有的照護之家和老人中心掛上一幅類似這樣的海報，「我們的員工，無論何時何地，都應該被有尊嚴的對待，多數人都會遵守，感謝你也會是其中一位。」這是一個寫得很正向，也是很清楚的提醒，以提升員工的尊嚴。你可以加些員工的照片在海報上，讓它更個人化。

我個人有關尊嚴的故事

我目睹我自己的母親，演員桃樂蒂・杜汀夫人經歷了欠缺尊嚴的照護，對她具有毀滅性的影響。當她七十歲的時候，進醫院接受白血病的治療，我看到員工缺乏關愛與尊重，造成她的身體、心理和精神都受到打擊。我的母親一生堅強獨立，但進去幾天後就全面崩潰，她說她感覺像個「關在牢籠裡的動物」。我因此替她換了一家醫院，感謝上天，那邊的員工友善許多，樂於溝通，也尊重人，我母親就立刻恢復精神，得以面對接下來的挑戰。然而，我還是經常看到，老人被視為次等公民一般的對待，被醫院粗魯的打發和忽視。這迫使我展開一場改革運動，希望確保老年人能受到有尊嚴，有關愛的照護。

我賣掉我的公寓，來籌措我的影片《你看見什麼？》以紀念我的母親，並提升尊嚴的認知。我在世界各地演說，我用我得獎的影片，來訓練各地的照護工作者。它帶來了有力且深遠的影響，我相信個人的故事，遠比白紙黑字或法規來得有效，當人們的情緒被帶動了，才能更快的有所改變，因為這是他們真正想要的。我們都需要時時提醒自己，看見他們內心的那個人，走近一點，然後看見「我」。

所以，請考慮看看我的短片，網址為www.amandawaring.com，它的腳本是一首詩，身為護士的菲利斯．麥考馬克（Phyllis McCormack）所寫的詩，當她發現她的同仁，在老人院裡的不當行為時，她沮喪不已。她原本匿名的把詩發表在院內的雜誌上，害怕遭到報復，而我從十九歲開始陪伴臨終者時，就已經引用這首詩。

很感謝她的兒子麥克，二〇〇五年授權給我在影片裡使用她的詩，也收錄在書裡。

護士，你看見什麼？
你看見什麼？
當你看見我的時候？
你在想什麼？
一個愛抱怨的老女人，

不怎麼聰明，
不確定有什麼怪習慣，
兩眼總是飄向遠方，
吃東西時口水流滿地，
叫她時也毫無反應，
你對著她大聲說話，
「我真希望妳至少試一試。」
她仍然沒注意到，
你為她做了什麼，
她的東西總是不見了，
可能是一隻襪子，或是一隻鞋子。
她看起來不怎麼抵抗，
任你擺佈都可以；
不管是洗澡還是餵飯，
漫漫長日，隨你填補。
這就是你在想的事嗎？

這就是你看到的嗎？
護士，請打開你的雙眼，
你沒有看見我。

讓我告訴妳我是誰，
我靜靜的坐在這裡，
你要我去哪裡我就去哪裡，
你給我吃什麼我就吃什麼。
我是個十歲的小孩子……
我有一個爸爸和媽媽，
我有兄弟姊妹，
我們相親相愛。
等我到了十六歲，
彷彿腳下有雙翅膀，
夢想似乎離我不遠，
我遇到了我一生的摯愛。

接近二十歲我成了新娘……
我的心飛揚了起來；
我記得我們的誓言，
我答應一輩子要遵守。
二十五歲的那一年，
我有了自己的孩子，
他需要我為他建立，
一個安全又快樂的家。
三十歲來到了，
我的小孩長得真快，
我們緊密相連，
好像我們會永遠在一起。
四十歲的時候，我最小的孩子，
都已經長大離開了家，
我看起來沒有悲傷，
因為我的先生仍在身旁。

五十歲，再一次……
小娃兒在我的膝旁嬉戲，
我們再度開始認識孩子，
我愛的家人，和我自己。
黑暗的時刻來臨了，
我的先生死了……
我看著未來的日子，
我因著恐懼而顫抖。
我的孩子們仍然忙碌，
為了自己的小孩團團轉，
我想起了過去的時光，
和我曾經熟悉的愛。
現在我是個老太太了，
自然的定律好無情，
它拿我們老年人開玩笑，
讓我們看起來像傻子。

我的身體已經殘破不堪，
優雅和活力離我遠去，
我的心曾經熾熱，
現在已成了一顆石頭。
然而在這副殘骸裡，
仍然住著一個年輕的女孩，
現在，再一次，
我破碎的心，飽滿了起來。
我記起過去的歡樂，
我記起曾經的苦痛，
我又開始愛著生命，
活出生命。
我想起歲月的種種……
似乎太少，流失得太快，
只能接受這赤裸裸的事實，
沒有什麼，可以永遠。

所以護士，請打開你的眼睛，
睜大眼，仔細看看……
我不是那個「愛抱怨的老女人」，
靠近看看……看見「我」。

——菲利斯·麥考馬克

附錄一

成為一個居家照護者

身為一個居家照護者，或是到府服務的照護工作者，也就是在老人的家中為他服務，你的目標應該是發展和提倡老人的獨立性，鼓勵他們，盡量能自己做，就自己做。幫助他們過著不依賴的生活，盡可能掌控自己的人生。你對每個人做的項目都不一樣，你提供的支援也因人而異，符合他們特定的需求，進行個人護理，或家事服務，例如洗衣，做飯，打掃等等。其他工作能包含採購，拿藥，和帶老人看病或參加社區活動。你應該協助老人維持一個健康且安全的環境，你最重要的角色，就是讓他們享有最高品質的生活，並且有同等的機會參與社會。

請這麼做

- 遵循以人為本的照護基本標準，給予尊嚴與尊重，凡事經過老人的允許。
- 請記得你是在他們的家，你應該以尊重主人的心態來對待他們。
- 詢問你的雇主，他們希望被如何稱呼，請確實做到。
- 確定被你照護的人，是所有決定的核心，所有的事必須以**他們**的最大利益為優先，超越他們的家人或近親。
- 理解為何職業的界線是很重要的。
- 記得你是老人家的支持者。
- 在所有照護的面向，給予老人家尊嚴和尊重。

- 在進行任何跟他們有關的項目之前，取得他們的同意。
- 根據你的工作單位和老人照護計畫的協定，遵守正確的工作程序。
- 注意任何飲食的需求，依據照護計畫，確認老人進食時狀況許可，設備正確。
- 很重要的是請記得，當沒有人直接監督時，你一個人單獨工作是安全的，你的自我評估是實際的，你在照護計畫上做的紀錄也是完整的。

> 請跟你的雇主聊聊，跟他們唱首歌，開懷大笑，如果合適的話，甚至跟他們一起流淚。談談你自己，你的家人，你的希望，你崇拜的人。你也許是他們對「外面世界」的唯一窗口，或是一天下來，只有你能讓他們感覺生活正常一點。請記得，也注意當你需要額外援助時——這不代表你懦弱無能，相反的，這代表你很堅強，長久下來，對於你，你的雇主和公司會有很大的益處。
>
> ——麗仕．布萊克拉克（Liz Blacklock）藍碧石居家照護公司執行長（Lapis Domiciliary Care）

請不要這麼做

- 忘記微笑和介紹自己；
- 對老人有預先的假設，你的方法也許不是他們的方法；

✖ 你忘記你曾經遲到，而你又即將遲到，你應該要讓老人知道，或請別人通知老人；

✖ 你忘記永遠要讓某人知道，你在什麼地方工作；

✖ 你試做些你沒有信心的事，或是你沒受過正確訓練的事；這會讓你和雇主都陷入危險；

✖ 你害怕說不。

（感謝麗仕．布萊克拉克，藍碧石居家照護公司的內容提供）

貼心提醒

急救箱

一九八一年公布的急救法規中有明確陳述，雇主必須提供充足的急救物品給所有的員工。在我們的工作場域，這意味著準備足夠的急救箱，救護人員，通報管道，以及記錄意外或事件的方法。身為一個單獨工作的照護者，你應該要有個急救包，可能是種旅行用的急救包，可以放在車子或隨身袋子裡。請確認你有這個配備。

表格和緊急電話

你會需要準備表格來記載意外／事件，並記下緊急求救電話。

檢視設備

當你在一個老人的家中，你需要定期檢查所有你會用到的設備，一旦有問題或疑慮就要立即報告。你的公司應該要對機器做風險評估，並提供你需要的使用訓練。

個人防護配套

你的雇主應該提供你必要的手套和圍裙，但是你自己要負責，在需要的時候使用這些配套。如果你不用，危害到自己的健康或安全，這個責任是你要承擔。

有害的物質

你最有可能接觸到的物質有清潔液，藥物，體液，滾燙的液體。你的職責是穿戴好正確的防護配套，並讓你的雇主知道你是否有任何的過敏現象。

若發生事件，或任何的受傷，危險情況或死亡，立即告知你的主管，他們才能確保全程是有紀錄的，也依據規定提出報告。

附錄二

如何寫一份照護計畫

護理助產理事會（Nursing Midwifery Council）規定，要有一份正式擬定的照護計畫。沒有這個特定文件來勾勒照護的大方向，重要的議題可能會被忽略，住戶的願望和選擇也不被重視。照護計畫是健康照護的重要一環，但卻經常被誤解，或被認為是浪費時間。然而，照護計畫是個最好的方法，讓住戶確認，無論是誰來照顧，他們都能得到自己想要的照護。

長久以來，照護計畫都跟護理師和護士，或是健康照護助理有關，他們協助計畫，幫忙寫下來，並持續更新。然而，如果不同的員工也一起參與，對於住戶提出一份個人化的照顧計畫，也是很好的點子。這個團隊可以包含其他不同人員的想法，除了住戶本身以外，他的家人也可能加入。這份計畫應包括住戶的背景資料，經常是他們的生命故事，或是過去生命中重要的決定和興趣，住戶的職業，嗜好，和家庭，以及他們的醫療資訊和歷程。很重要的是，照護計畫反映的不只是住戶現在的照護需求（身體的健康需求），也應該要考慮他們的心理的，情緒的，和精神上的需要。

照護計畫應該被視為像一張「地圖」，來引導所有跟住戶／病人照護相關的人。很重要的是你開展的照護計畫對於執行者來說容易閱讀，這樣當你不在的時候別人也能提供一致的服務。當我們制定照護計畫給需要醫療護理的住戶時，我們的計畫內容主要跟他們在日常生活中的活動（Activities of Daily Living, ADL）困難有關；吃飯，穿衣，上廁所，洗澡，梳理，搬移等等，照護計畫會詳細的寫下住戶如何安全的進行這些項目。

你也許會需要完整填好幾個評量工具，來幫助你將每個人的照護安排優先順序，或者找出需要特別幫助的部分，那些特定部分可能會迅速惡化，然後影響住戶的健康狀況。最常用的有兩個評量工具，這些文件很容易找到，你需要完整的填寫：

營養不良的統一過濾問卷MUST（Malnutrition Universal Screening Tool），它用來評估住戶是否有營養不良的現象，或是有營養不良或肥胖的風險。

壓瘡風險評估表（Waterlow or Braden scales）衡量皮膚的整體感或是皮膚脆弱的程度，以評估壓瘡的可能性。

在使用這些評量工具前，很重要的是參加訓練，讓你自己熟悉如何評分，並正確的記錄住戶的結果。

保障自由不被剝奪（DoLS）

在你為住戶寫下註記時，應關注另一個重要的訊息，那就是精神能力法案（The Mental Capacity Act），它讓你可以行使限制和約束的措施，但必須以當事人的最大利益為前提。特別保障，也就是保障自由不被剝奪（Deprivation of Liberty Safeguards，有時簡稱為DoLS）是有必要的，當約束和限制會剝奪當事人自由的時候。DoLS適用於任何已經沒有能力表達意願的住戶，無論是在醫院或照護之家（登記在合乎二〇〇〇年的照護標準法案的單位〔Care Standards Act 2000〕*），若住戶對於他們的照護或治療安排已無能力應允，或是剝奪自由是以保護他們最大利益，避免傷害為由，都應參照DoLS。這個評估須由專業人士來完成，並在住戶的資料裡註記。

請這麼做

- 定期更新你的資料檔案，因為住戶的健康或需求會改變。確認你記錄下這些改變。
- 花時間來檢查，在個人護理和飲食方面，住戶是否有不同的選擇。他們喜歡穿什麼？怎麼整理頭髮？他們最喜歡的食譜是什麼？讓你的住戶擁有多樣的選擇，讓他們決定自己的護理，由誰幫他們護理，或如何進行護理。
- 當你休假回來後，或是你已經有好一陣子未服務當事人時，先花時間讀一下註記，有沒有任何變化？你有沒有注意到什麼不同？
- 關於完成照護計畫和如何使用評量工具，尋求支援和訓練。

請不要這麼做

- ✕ 寫下你沒有親眼看見或見證的事情；
- ✕ 在事件發生後修改或改變註記，應該要寫一份另外的記錄，簽名並標註時間；
- ✕ 忘了詢問住戶的家人和朋友有關當事人住進來前的生活，才能充分理解你眼前這位孱弱病人的背景。

給照護者的叮嚀

- ♥ 在每個住戶的檔案裡，附上一張近期的照片，加上過去的照片。它幫助你確認住戶，也幫助其他員工做到個人化的照護，提醒他們住戶在搬進來之前，曾經是什麼樣的人。
- ♥ 確認你每次簽名時，你的字跡是清楚易懂的，因為這些都是法律文件。
- ♥ 永遠用黑筆記錄，如果你要修改文件，不要用修正帶（Tippex），請畫掉並簽名。

＊此為英國二〇〇五年提出的方案，台灣並未採用，僅供參考。

檢查清單

- 確認你的文件是個人化的，隨時更新的，才能反映住戶當下的健康需求，請不要讓住戶的資料陳舊過時。
- 把老舊的健康資料，也就是你每天用不到的資料，放在檔案的最後，或是另外建檔。
- 確認所有的簽名都是清楚可辨識的，也要註記時間。

（感謝結果公司總監，凱斯．蓋斯可提供的內容）

後記
榮耀老人

當我在進行臨終工作坊的時候，我要求照護者想一想，所有他們自己家族裡的老人，老人的祖先，是這些人，把他們帶到這個世界的。我建議他們，即便他們可能跟自己的父母或祖父母，沒什麼良好的關係，但這些人給了他們生命，而他們回報的方法是，成為一個照顧別人，關愛別人的人。光是這一點，就值得肯定與驕傲。

我經常會舉行一個種樹的儀式，我們會種下樹的種子，用來榮耀，關愛，感謝老者的生命，以及那些逝去的人，老者的長輩，我們的先人。當我們把種子埋在土地之後，我會開始分享我的禱告……

當我們站在這片神聖的土地上
在這個神聖的時刻裡

讓我們榮耀我們的祖先
我們逝去的先人，
我們因著得以出生
再次進入這個親愛的世界
讓我們感謝大地的母親
她如此溫柔的擁抱我們
如此慷慨地分享她的美麗。

我們尊敬並感謝站立在大地的萬物，
這些橡樹這些樹
見證了我們的儀式
它們掌握了，轉化了
神聖的愛
也提醒了我們
在愛中，帶著愛紮根。
我們感謝在天空飛翔的萬物，

那些鳥兒歌頌著愛
歡樂回憶所帶給我們的愛
提醒著我們
為愛發聲
我們感謝
在地球上流動的水
它引導著我們重生，
讓神聖之道
得以復甦。
我們感謝
燦爛的金色太陽
它提醒了我們
我們是一家人
讓我們沉浸在
愛的溫暖裡
我們感謝

輕柔的微風
吹過樹梢
樹葉沙沙作響
它提醒了我們
讓愛
自由。
我們榮耀
種在神聖土壤裡的種子
在這片森林裡
我們已經找到
恩典與平安的地方
在這裡
神聖的愛
永不止息。

感謝你閱讀《如何照料你所愛的親人》。
祝福你的生命，從現在到未來，都充滿了給愛，被愛的機會。

如何照料你所愛的親人

照顧失智、重病、失能者的全方位實用指南

Being A Good Carer

國家圖書館出版品預行編目（CIP）資料

如何照料你所愛的親人：照顧失智、重病、失能者的全方位實用指南
／亞曼達．衛爾寧（Amanda Waring）著；田若雯譯 .-- 初版 . --
臺北市：健行文化出版事業有限公司出版：九歌出版社有限公司發行，
2021.04
320 面；14.8×21 公分 . --（I 健康；52）
ISBN 978-986-99870-2-8（平裝）
1. 老人養護 2. 居家照護服務 3. 照顧者
544.85 110002167

作　　者——亞曼達．衛爾寧（Amanda Waring）
譯　　者——田若雯
責任編輯——曾敏英
發 行 人——蔡澤蘋
出　　版——健行文化出版事業有限公司
臺北市 105 八德路 3 段 12 巷 57 弄 40 號
電話／ 02-25776564．傳真／ 02-25789205
郵政劃撥／ 0112263-4

九歌文學網 www.chiuko.com.tw

排　　版——綠貝殼資訊有限公司
印　　刷——晨捷印製股份有限公司
法律顧問——龍躍天律師．蕭雄淋律師．董安丹律師
發　　行——九歌出版社有限公司
初　　版——2021 年 4 月
定　　價——380 元
書　　號——0208052
I S B N——978-986-99870-2-8